汉字中的自然之美

王元鹿 主编
黄思贤 魏明扬 著

文汇出版社

序

王元鹿

有一件美好的东西，日日与您为伴，日日为您服务，您却常常忽视了它的美——内在的美与外在的美，这就是汉字。

汉字是我们伟大祖国的宝贵遗产之一。如果说到汉字的特点与特色，一言以蔽之，就是美。汉字的“美”包含了使汉字得以产生与发展的客观环境的美——有物质的美、精神的美、逻辑的美，还有大自然的美。汉字的“美”也反映在汉字自身的构成与形态上。造字方法的精巧，文字姿态的曼妙，都令人赞叹不已。

汉字的“美”有其历史过程。如以甲骨文的产生为起点，汉字至少已有三千多年的历史。何况甲骨文其实还不能算是汉字的最早形态。然而，即便在甲骨文与早期金文中，我们已经可以领略其古朴与端庄，还可以理解通过其字形背后的古代社会的历史、文化与生活现象，乃至我们祖先的造字的智慧——这一切，都是美不胜收的。

今天我们使用的现代汉字，已经是几经变化的形体，多少已失去了它们的早期风貌，也不易推断出祖先造字的依据。学者们的不懈努力，使我们逐步深入了解了古代汉字的来龙去脉，并进而通过古代文字的研究去搜寻我们祖先的生活状况及他们的精神风貌。可以说，从汉字看历史，又从历史来追溯汉字的渊源，既是一个科学研究的过程，又是一个欣赏文字美的过程。

必须说明的是，这套书是在参考古今许多文字学及相关学科专家研究成果的基础上写出的。限于丛书的体例，行文中引用或述及文字学专家或其他领域专家的观点与成果，一般不专门写出或注出他们的名字及这些著作的名称。在此，向这些专家致以衷心的谢忱。

美是需要去发现的。由于我们见惯并用惯了汉字，才使我们习以为常地不去注意其内部蕴藏着的美。这套丛书，就是鉴于此种情形策划设计的。从文字与文字相关的角度——语言、历史、文化、考古、文学等多个方面，全方位地挖掘并向读者展示汉字的美，是本丛书作者的美好愿望。如果读者随着我们的笔，在弄清一个个古文字的同时，进一步了解它们折射出来的中国古代社会历史与文化的方方面面，以及我们的祖先的思维特点与心路历程，这将是何等快意的事！

2012 年 7 月写于华东师范大学中国文字研究与应用中心

目录

叁 动物类

肆 植物类

伍 季节类

天文类

【“日” 说】

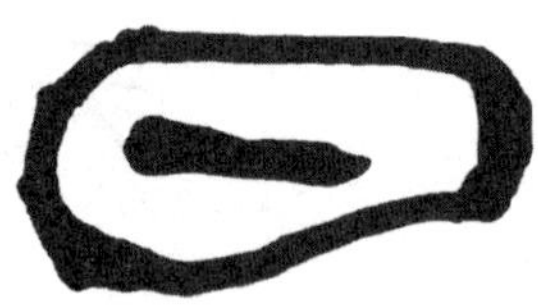

说起“日”字，它可是一个资深的汉字。早在甲骨文时期，它就频繁地出现在卜辞中，作“”、“”等形。“日”字的金文作“”、“”等形，小篆作“”。对于“日”的构形，徐中舒在《甲骨文字典》中认为：“象日之形”。

从古到今，虽说“日”字的面貌变化不大，但彼此之间仍存在一些差异。这种差异主要表现在外形的方圆与内部点的有无。

“日”的古字形或方或圆，后定型为方。按理说，“日”为圆形才是正道。至于甲骨文的方形，徐中舒在《甲骨文字典》中是这样解释的：“甲骨文‘日’字因契刻不便作圆形，故多作方形”。原来，甲骨文的方形是不得已而为之。早期金文由于采用铸造工艺，不存在甲骨文契刻的问题，所以“日”字多作圆形。至于现代汉字为方正形，则是汉字笔画化、楷化的结果，或者说是后人的明知故犯。

关于“日”字中的这一笔，历来有些争议。徐中舒在《甲骨文字典》中认为：“其中间一点用以与方形或圆形符号相区别。”也就是说，如果“日”字不加一点，就会与“口”等类似的汉字相混淆。因此，“日”中的这一点起到了区别字形的作用。在汉字体系中，也不乏其例。比如“玉”，本作“王”，因与“王”字相近，故加点。

鹤立群山
引自张林桂《张林桂摄影诗歌 100 组》，印刷工业出版社，2008 年。

不过，古人对“日”中的这一点却有着不同的观点，并大做文章。许慎《说文解字》有：“太阳之精不亏。从囗一”。段玉裁的《说文解字注》有：“从〇一，象形。〇象其轮郭，一象其中不亏。”从许慎和段玉裁的解释来看，“日”中的“一”是不亏之精。“精”是中国古代哲学中的一个重要范畴，是“精气说”的精髓。该学说认为精气是最细微而能变化的气，是最细微的物质存在，是世界的本原，是生命的开始。由此说来，日的本原也莫过于“精”。对人类而言，日的光亮照耀着大地，日的热量温暖了大地，世间万物依赖于它。“日之精可谓不亏”，也难怪古人有如此解释。

谈到这里，就得说说“太阳”了。在古代，日又可以称为太阳。《汉书·元帝纪》：“是以氛邪岁增，侵犯太阳，正气湛掩，日久夺光。”颜师古注释到：“太阳，日也。”又曹植《洛神赋》有：“远而望之，皎若太阳升朝霞。”不过“太阳”并非一开始就成为日的专名。太，大也，泰也；阳，《谷梁传·僖公二十八年》有：“山南为阳，水北为阳。”这是“阳”的本义。阳后来成为中国古代哲学阴阳学的重要范畴之一，与“阴”相对，即有所谓的“一阴一阳谓之道”、“阴阳二气”。因此，“太阳”本义为极大的阳气，可以指一切阳气较盛的事物。《尚书大传》有：“遂人以火纪；火，太阳也。”汉代董仲舒《春秋繁露·阴阳终始》有：“故至春，少阳东出就木，与之俱生；至夏，太阳南出就火，与之俱煖。”三国嵇康《答难养生论》中有：“咀嚼英华，呼吸太阳。”在这里，“火”、“夏”之类都被归为“太阳”之属。不过，这些事物与日比“阳”，就显得相形见绌了。古人对日的认识有所谓的“日之精可谓不亏”，故“太阳”成为日的专指也就不足为奇。

三足乌（汉画像石）
引自刘道广《中国神话装饰》，广西美术出版社，2000 年。

上文对“日”中一笔的解释尚可理解，而历史上的其他描述则有些离奇。

在《说文解字》中，“日”字还有一个字形“𡆠”，圆圈中并非一点，也非一横，而是一个似“乙”字的形体。“乙”为何物？据说，日本身不能在天空飞行，而是由一种叫三足金乌的神鸟驮着在天际运行。所以，古人画“日”常在日的中间或旁边画一只类似乌鸦的三足鸟。在汉代画像石上，常常可以发现太阳中的三足乌。长沙马王堆一号墓出土了一幅帛画，画的上部是天堂，左上角为日，右上角为月，日中有鸟，月中有蟾蜍。历史上的武则天曾改过一些汉字，其中的“日”字改为“𡆠”，这里“乙”就是蹲在太阳里的三足金乌。

很显然，日在古人的眼里充满了神秘色彩。唐代李峤的《日》有这样的描述：

旦出扶桑路，遥升若木枝。
云间五色满，霞际九光披。
东陆苍龙驾，南郊赤羽驰。
倾心比葵藿，朝夕奉光曦。

诗中所谈及的“扶桑”、“若木”、“赤羽”、“苍龙”正是这种神秘色彩的体现。“东极扶桑，西极若木”，扶桑与若木都是传说中的神木，分别在大地的最东端和最西端。扶桑，《山海经·海外东经》：“汤谷上有扶桑，十日所浴，在黑齿北。居水中，有大木，九曰居下枝，一曰居上枝。”郭璞注：“扶桑，木也。”《说文》云：“榑桑，神木，日所出也。”相传该树高三百里，但它的叶子却像芥子一般大小。可见，扶桑为日所出的神木。关于若木，《山海经·海内经》有：“南海之外，黑水青水之间，有木名曰若木，若水出焉”，又《山海经·大荒北经》：“大荒之中，有衡石山，九阴山，灰野之山，上有赤树，青叶赤华，名曰若木。”郭璞注：“生昆

后羿射日（汉画像石）
引自王孝廉《岭云关雪——民族神话学论集》，学苑出版社，2002 年。

仑西，附西极，其华光赤下照地。”郭璞认为若木生于昆仑之西，而且是“西极”，也就是与东方日升之地相对的西方日落之地。日升于神木，落于神木，神木成为日的休憩之所，也增添了日的神秘。苍龙指星宿中的东方苍龙，日从此升起，赤羽则为星宿中的南方朱雀。可见，在中国传统文化里，“日”的出入运行无不与神秘相伴。

而在下面几则神话传说中，日的神秘则得到了更加充分的体现。

关于“羲和”的传说。《山海经·大荒南经》：“东海之外，甘水之间，有羲和之国。有女子名曰羲和，方浴日于甘渊。羲和者，帝俊之妻，生十日。”这段话的大意为：在东海的外面，有一条叫“甘水”的河。这里有一个羲和国。这个国家有一个名叫羲和的美丽女子，她正在甘渊里给太阳洗澡。相传，羲和就是上古帝王俊的妻子，后来生了十个太阳。

这里又有“后羿射日”之说。后羿，最早见于《山海经·海内经》：“帝俊赐羿彤弓素缯，以扶下国，羿是始去恤下

夸父逐日
引自唐子恒、时永芬、徐磊编《中国神话传说》，山东文艺出版社，2007年。

地之百艰”。但在这里，并未提及“射日”。不过古本《山海经》有“后羿射日”之说。宋代类书《锦绣万花谷》前集卷一引《山海经》云：“尧时十日并出，尧使羿射十日，落沃焦”。《淮南子·本经训》则有较为完整的记述：“逮至尧之时，十日并出。焦禾稼，杀草木，而民无所食。猰貐、凿齿、九婴、大风、封豨、修蛇皆为民害。尧乃使羿诛凿齿于畴华之野，杀九婴于凶水之上，缴大凤于青邱之泽，上射十日，而下杀猰貐，断修蛇于洞庭，擒封豨于桑林。万民皆喜，置尧以为天子。”

又有“夸父逐日”之说。关于夸父，《山海经·大荒北经》这样描述道：“大荒之中，有山名曰成都，载天（即戴天，顶天）。有人珥两黄蛇，把两黄蛇，名曰夸父。后土生信，信生夸父。”在《山海经·海外北经》中，则完整地记述这一个神话故事：“夸父与日逐走，入日；渴，欲得饮，饮于河、渭，河、渭不足，北饮大泽。未至，道渴而死。弃其杖，化为邓林。”这段话可以理解为：夸父与太阳赛跑，竟然闯进了太阳；此时，口感到非常渴，想要喝水。于是，夸父先后来到了黄河边和渭水边喝水。黄河、渭河的水不够喝了，又赶去喝北边大泽里的水。还没有到这个地方，

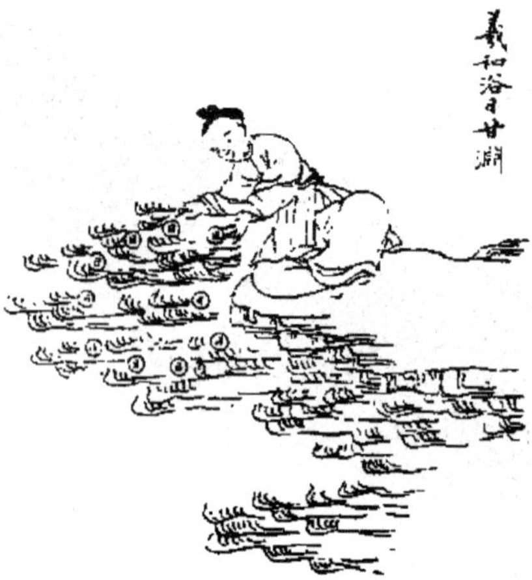

引自王孝廉《岭云关雪——民族神话学论集》，学苑出版社，2002 年。

半路就渴死了。他所丢弃的手杖顿时化为一片桃林。

这些神话传说渗透着古人对日的复杂情感，有神秘，也有幻想；有爱，也有恨；有顺从，也有征服。“日”是自然力量的体现，也是先民征服自然的符号。当“日”进入文学，又有了另一番情愫。

以日月起兴，抒发情感。《诗经·邶风·日月》：“日居月诸，照临下土。乃如之人兮，逝不古处？胡能有定？宁不我顾……”范仲淹《渔家傲》：“千嶂里，长烟落日孤城闭。”龚自珍《己亥杂诗》：“浩荡离愁白日斜，吟鞭东指即天涯。”

以日入诗，抒写壮美之景。王维《使至塞上》有：“大漠孤烟直，长河落日圆。”王之涣的《登黄鹤楼》又有：“白日依山尽，黄河入海流。”白居易的《忆江南》又有：“日出江花红胜火，春来江水绿如蓝，能不忆江南。”

……

如今，日在人们的心目中已褪去了那份神秘，甚至褪去了那份诗情画意。当日被拉下了神坛，低俗就向它开启了大门。

“夕”——无“睛”之月却有神

“夕”常出没于中国诗词。“鸡栖于埘，日之夕矣，羊牛下来”、“夕阳西下，断肠人在天涯”。对于诗词中“夕”字的意思，不难理解。但要问“夕”字到底是什么？也许很多人就不知道了。

汉代许慎《说文解字》：“夕，莫也。从月半见……”莫，即今天的“暮”字，有傍晚之意。这是大家所熟知的义项。“从月半见”，即“半个月亮爬上来”。许慎对“夕”取象的认识是正确的。可见，汉人通过小篆仍可以认识到“夕”字与“月”字源自同一自然天象——月亮。不过，从现代汉字“夕”与“月”的构形，我们已经很难找到其中的痕迹。

现代汉字“夕”与“月”相比较，少了一笔。如果把“夕”看作一只眼睛，似乎少了眼珠子，我们权且称之为无“睛”之月吧！

其实，童年时代的“夕”与“月”长得可是一模一样。甲骨文“夕”

月上梢头
引自王密《琼岛拾贝》，中国摄影出版社，2004年。

作“”或“”形，甲骨文“月”字作“”或“”，夕与月互通，都是一轮弯月，中间加点或不加点。也许你会好奇地问：月为什么只画半月之形？古人造字，“近取诸身，远取诸物”。“月”字自然画月之形。不过，自然中的月与日的出现却有所不同。日除非日食，都以全形示人，但日食毕竟少见。月除非农历十五六，其余都以缺月示人。难怪《说文解字》这样解释“月”字：“月，阙也”（即缺）。当然，一些学者也不这么认为：“月”之所以从半月，是为了与“日”字相区别。甲骨文“日”字作“、”等形，金文作“、”等形。如果“月”像“日”一样，也画成圆形，将用什么去区别呢？

“近取诸身，远取诸物”也罢，与“日”字相区别也罢，“月”字为

“半月之形”似乎合情合理。

接下来的一个问题就是月中之“睛”了——字中的点或横。“月”字最初只是表“月亮”这一自然天象。不过，月亮一般在傍晚以后出现，这就很容易让人联想到“傍晚”或“夜晚”之义。相似的又如，“日”表太阳，后又可表“白天”。当“月”有了“月亮”、“傍晚”和“夜”三种意义后，“月”字可谓身兼数任，负担重了势必导致混乱。为了避免这种混乱，就要采取某些措施，或改变读音，或改变字形。在这里，古人采用了改变字形的方法，即在“月”中添加一笔。这样，月亮就有了两个字形，一个为有“睛”之月，一个为无“睛”之月。据《甲骨文字典》：“象半月之形，为月的本字，卜辞借月为夕……卜辞一至四期之夕字每加一点以与月相区别，五期则夕字多不加点，月字每加一点以相区别，然偶亦有相混用者。”可见，“夕”开始与“月”形同，后有了自己的“睛”，以示区别。不过，到了甲骨文后期，“夕”的“睛”让给了“月”。如此一来，“月”字似乎切合了汉代许慎在《说文解字》中的解释：“月，闕也。大阴之精”。换句话说，“月”中的这一点暗合“太阴之精”之说。顺便说一下，三个意义中的“夜晚”义则采用了加声符的方法，即添加声符“亦”，造出一个“”（夜）字。

由此看来，“月”、“夕”、“夜”同出一源，童年之“夕”并非无“睛”之月。成年后的“夕”虽然没有了“睛”，却越发地有了内涵。

这不，傍晚时分，古人杀猪宰羊，翩翩起舞，正进行着浩大的祭祀。时人呼之为“夕”。这样，“夕”有了“祭祀”之义。《甲骨文合集》(23262，按：合集甲骨文的编号）有“丙子卜，贞：其夕于父丁”，即丙子这一天进行占卜，问道：对父丁进行祭奠吧！（16265）又有“癸酉卜，争贞：翌甲戌夕十羊”。也许因为这样，“夕”多了几分神秘色彩，这不禁让我们想到了“除夕”。

对于中国人来讲，除夕是一年中非常重要的日子，也是非常忙碌的一天。在这一天里，人们忙着祭祖、接神、接灶。在这一天里，华夏大地沉浸在此起彼伏的爆竹声中。在这一天里，家家户户贴上大红的对联和艳丽的桃符。除夕夜里，彻夜灯火通明。家家户户团坐一起，或吃饺子，或聊天，辞旧迎新。

除夕给华夏大地增添了热闹与祥和，同时，除夕也给华夏先民以神秘的幻想。这不，关于除夕，在民间流传着各种各样的神话传说。下面就是一个常见的版本：

很久很久以前，人间来了一个可怕的妖怪，名叫“夕”。这家伙专门害人，尤其好色。看到了哪家有漂亮的姑娘，就要想方设法地去糟蹋，完了还要把姑娘吃掉。为此，人们对“夕”又恨又怕，却又毫无办法。这时，出现了一个猎人，名叫七郎。这位猎人力气大，并擅长射箭，他还有一条非常厉害的狗。看到百姓所受到的苦，他发誓一定要除掉“夕”。于是，他带起那条狗到处找“夕”。“夕”居无定所，白天不出来，晚上才出来害人，半夜后就又消失了。找了一年，七郎也没有遇见“夕”。时间到了腊月三十，七郎来到了一个镇上，见到人们都在欢欢喜喜准备过年，心想：这个镇大，人多，姑娘也多，说不定“夕”要来。他就告诉镇里的人：“夕”最怕响声，天黑了后，大家多找些敲得响的东西守在家里，一有动静就使劲敲，就可以把“夕”吓出来除掉。晚上，“夕”果然出来了，刚闯进一户人家就被发现了。这家人马上敲起了盆子。这一敲，整个镇子也都跟着敲了起来。“夕”吓得四处乱跑，最后被七郎发现了。七郎马上放出猎狗去咬它。这样，“夕”就跟七郎和狗打了起来。人们一听外头杀起来了，都拿起东西敲得震天响。这时，“夕”感觉斗不过了，拔腿就跑，哪知后腿被猎狗咬着了。七郎趁机开弓射箭，“夕”应声倒地。从那以后，人们就把夏历腊月三十叫除夕，传说中的守岁、放鞭炮也流传了下来。

“夕”蕴含着神秘的色彩，也发散着悲情与浪漫。正如文章开头的两段诗句。《诗经·唐风·绸缪》又有：

绸缪束薪，三星在天。今夕何夕，见此良人。子兮子兮，如此良人何！绸缪束刍，三星在隅。今夕何夕，见此邂逅。子兮子兮，如此邂逅何！绸缪束楚，三星在户。今夕何夕，见此粲者。子兮子兮，如此粲者何！

这一首诗描写了新婚之夜的缠绵与喜悦。诗中“今夕何夕”反复吟唱，更加生动地烘托出诗中人物的深厚情谊以及对婚姻热情的憧憬。

当然，这里更值一提的就是“七夕”了。在中国民间，有很多关于“七夕”的传说。其中有两则为人所熟知。一则是，在每年农历七月初七的夜晚，织女与牛郎都会在鹊桥相会。鹊桥相会虽散发着一丝丝悲情，但更多的是表现了华夏民族对美满爱情的向往。一则是，织女是一个美丽聪

七夕
引自唐子恒、时永芬、徐磊《中国神话传说》，山东文艺出版社，2007年。

明、心灵手巧的仙女，凡间的妇女总是在七月初七这一天晚上向她乞求智慧和巧艺，向她赐求美满姻缘。因此，七月初七也常常被称为乞巧节。不管哪一个传说，“七夕”所体现出来的是先民古朴的情感和追求。当“七夕”的传说融入文人的诗词，她变得更加的丰满而又富有色彩。唐代徐凝的《七夕》有：“一道鹊桥横渺渺，千声玉佩过玲玲。别离还有经年客，怅望不如河鼓星。”唐代林杰的《乞巧》又有：“七夕今宵看碧霄，牵牛织女渡河桥；家家乞巧望秋月，穿尽红丝几万条。”

月上梢头，劳作了一天的人们终于可以闲适地享受自己的生活。或月下相会，或月下闲谈，或月下冥想。弯月不仅给黑夜带来几分浪漫，也给人间留下了丰厚的思想与文化。

【“星” 光灿烂】

《古诗十九首》：“迢迢牵牛星，皎皎河汉女。纤纤擢素手，札札弄机杼。终日不成章，泣涕零如雨。河汉清且浅，相去复几许？盈盈一水间，脉脉不得语。”两颗闪亮的星星，一段凄美的爱情故事，一首流传千古的诗歌。

夜空中的星星看起来细小、平凡而又宁静。不过，在华夏文明里，她却闪耀着夺目的光芒。

这不，华夏先民很早就为这些可爱的小精灵命了名，造了字。

打开尘封的甲骨，一个个“星”字赫然展现在我们的面前，作“”、“”、“”、“”等形。分析这些甲骨文“星”字，其实只包含两个基本部件：一个封闭的中间带点或不带点的方圆，一个“生”字。

先让我们认识一下这个“方圆”吧！也许大家会说：“这还不简单

呀！不就是颗星星吗？”没错，就是颗星星。不过，一些学者在分析“星”的结构时，却没有说“从星”，而是说“古文‘星’从三日”。这不是牛头不对马嘴吗？其实不然。从星和日的关系来看，这一说法是讲得通的。其一，“星”字的这个“方圆”与古文“日”字确实没有什么区别；其二，从客观上讲，日与星同是宇宙中发光的天体。从某种角度上讲，两者是相通的。你应该知道，日其实就是一颗恒星，古人在造“星”字的时候似乎也意识到了这一点。

甲骨文“星”字的另一个特点就是结构中“方圆”的个数很不确定，或五个，或三个，或两个。其实，这也很正常，你说夜空中的星星有一个固定的数量吗？当然没有。所以说，古人所造的“星”字倒是实事求是。不过，到了甲骨文的后期，“日”字的重叠数量开始以三个为主。到了金文，基本固定在三个。

这一固定也颇有文章。在汉字体系中，一个部首重叠三次构成一个字

南方朱雀之象

引自郑慧生《认星识历：古代天文历法初步》，河南大学出版社，2006年。

的现象不在少数，如“磊”、“轟”等。在汉字中，重叠部首三次一般表示多数。“星”重叠三次，固然表示满天的繁星。古人为什么喜欢三次呢？相关研究认为，古人计数困难，一二尚能分晓，三以上就含糊了，笼统称多。因此，三即为多。

对于“星”中的这个“三”，也有学者认为：“三”是“星”的语源。通俗地讲，就是古人看到满天的繁星，马上想到了“多”，而“三”在当时就有“多”的意思，因此，他们很自然地发出“三”的读音。后来，人们又专门为这个“三”造了一个“星”字。换句话说，“三”就是“星”的命名依据。类似又有：山上树多叫森，原上草多叫莘，家中财多叫鑫，夜空亮点多叫星。森、莘、鑫、星的古音都与“三”近，都有表“多”之义。

汉代刘熙在《释名》中也有类似的解释：“星，散也，列位布散也。”“星”与“散”古音同。刘熙以同音词“散”解释“星”。也可以这样说，“星”因“散”而得音。徐中舒在《甲骨文字典》中解释为：“象众星罗列之形”。星，即繁星满天。难怪《太上老君内观经》中有“发为星辰”，以发喻星辰，在这里再也恰当不过了。

分析完“星”字中的这几个方圆，接下来让我们看看这个“生”字。你也许会问，好好的“星”字，为什么要加一个“生”字？古人不嫌麻烦吗？当然不是，古人这样做也是不得已而为之。古人看着夜空中的繁星，一闪一闪，晶莹闪亮。他们由“星”又想到了“晶”字。这样，一个只有三个方圆的“星”字既要表示星，又表示晶了。如此下去，这“星”字的负担也就太重了。为了分担任务，三个方圆的“星”字只好加一个“生”字，用来表示星，不加“生”字就表示晶。这一加，既区别意义，又注了音。

后来为了书写简便，人们又将“曐”字上部的“晶”字简化为一个“日”字，就变成了今天的“星”字。

在认识“星”字的古今构形及其发展的同时，我们也不得不惊叹古人对天文现象的认知。从目前文献来看，我国古代天文学起源早、水平高。在公元前24世纪的尧帝时代，当时的政府已经任命了专职的天文官，专门从事“观象授时”。《周易·系辞传》有：“古者庖牺氏之王天下也，仰则观象于天，俯则观法于地，观鸟兽之文与地之宜……”近代学者顾炎武在《日知录》中说道：“三代以上，人人皆知天文。‘七月流火’，农夫之辞也，‘三星在户’，妇人之辞也；‘月离于毕’，戍卒之辞也；‘龙尾伏辰’，儿童之谣也。后世文人学士，有问之而茫然不知者”。对于靠天吃饭的古人，天文是极其重要的。他们的生活出行要听天命，他们的生产收获也要听天命。不像今天，我们可以听天气预报。在古代，他们只能靠自己的肉眼进行观测。在这些天文现象中，星也许是古人重点的观测对象。

应该说，古人对星象的观测已经达到了较高的水准。比如，古人对星进行了细致的分类。在汉字中，我们可以找到很多相关字。例如“参”字和“商”字：

参，金文作“”或“”，前者从晶从人，人亦声，后者从晶㐱声。《说文解字》：“参，商星也。从晶㐱聲。”又比如，“商”字。商，《说文解字》：“从外知内也。从㕯，章省聲。”“商”本与星无关，是一种器皿。不过，在“商”的甲骨文和金文中，我们可以找这样两个形体，即甲骨文“”和金文“”。与其他的古文“商”字不同，这两个古文形体都有两个圆形物，这应该就是“星”字。康殷先生曾认为“应即商星之商的专字”。我们基本赞同康殷先生这一看法。

在传世文献中，我们也可以发现各种不同的星宿名。在殷墟甲骨卜辞中，可以找到“火”、“乌”两星宿。在《尚书·尧典》中可以发现“乌”、“火”、“虚”、“易”等星宿。在《左传·文公十四年》中又有：“秋七月，有星孛入于北斗。”据考证，这是世界上有关哈雷彗星最早的观测记录(前613年)。在《诗经》中，星宿名更是随处可见。下面这一首可谓是星宿的集大成：

《诗经·小雅·大东》：“维天有汉，监亦有光。歧彼织女，终日七襄。虽则七襄，不成报章。睆彼牵牛，不以服箱。东有启明，西有长庚。有捄天毕，载施之行。维南有箕，不可以簸扬；维北有斗，不可以挹酒浆。维南有箕，载翕其舌；维北有斗，西柄之揭。”

诗中集中地出现了织女、牵牛、启明、长庚、毕、箕、北斗等星宿的名称。到了战国初年，上古文献中零星提到的星宿最终归结为二十八星宿，并形成“四象”说：

东方青龙七宿是角、亢、氐、房、心、尾、箕；北方玄武七宿是斗、牛、女、虚、危、室、壁；西方白虎七宿是奎、娄、胃、昴、毕、觜、参；南方朱雀七宿是井、鬼、柳、星、张、翼、轸

对于这些星宿，今人真的有些不知所云。但对于古人，也许是小菜一碟。古人可以用星象来确定天气。《诗经·小雅·渐渐之石》“月离于毕，俾滂沱矣”。大意为：月亮接近叫毕的星宿，就要下大雨了。正如人看到满天繁星，定会想到一个晴朗的明天。古人的这种推理也沉淀在一些语词中。据相关研究，“晴”字与“星”字古音相近，意义相关，具有同源关系，即满天繁星意味着晴天。晴与星的关系体现了古人的这种认知。我们有理由相信古人具备这种认知的能力，并且这种认知能力远远超过这一水平。古人可以用星象来确定方位。《诗经·召南·小星》：“嘒彼小星，三

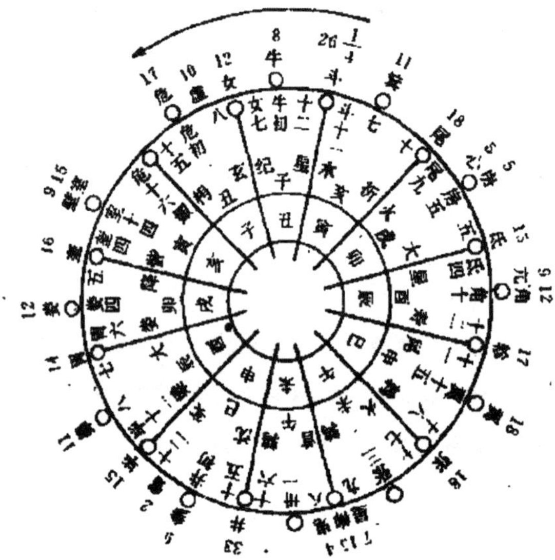

二十八星宿图

引自张闻玉《古代天文历法论集》，贵州人民出版社，1995 年。

五在东。”大意为：“天空中密布星光微弱的小星，只有三五颗大星在东方。”这是写行人夜观星象，以定方向。古人可以用星象来确定时间。《诗经·陈风·东门之杨》：“昏以为期，明星煌煌。”这是写约会情人不至，从黄昏直等到启明星升起。“明星”表明了等候的时间。古人可以用星宿来确实节气或月份。《诗经·豳风·七月》：“七月流火，九月授衣。”大意为：七月的时候叫火的星宿落下去了，九月开始接受制衣的任务。又《左传·昭公十七年》有“火出，于夏历为三月，于商为四月，于周为五月”。古人可以用星宿来确实劳作的安排。《诗经·鄘风·定之方中》有：“定之方中，作于楚宫；揆之以日，作于楚室。”在西周、春秋时代的黄昏时辰，室、壁四星出现在正南方的季节，恰是农事忙完，天又不是很冷，是古人从事房屋营造的时间，因而四星又被统称为“营室”。

华夏先民面对夜空中的繁星，浮想翩翩。他们充分地发挥自己孩童般的形象力，让每颗星星都具有了生命，甚至具有了神的力量。这不，《左传·昭公元年》中曾记载了这样一个故事：帝喾有两个儿子叫阏伯与实沈，兄弟俩互不相容而不断寻衅厮杀。于是帝喾派阏伯往商丘去主管大火，因此大火也叫作商星；派实沈去大夏主管参星。参和商在天空中恰好遥遥相对，一个升起，另一个就会落到地平线以下，两人从此再也不能相见了。他们死后，成为参商二神，还是永远不能会面。杜甫在《赠卫八处士》中曾吟唱道："人生不相见，动如参与商。"

参星商星不相见
引自唐子恒、时永芬、徐磊《中国神话传说》，山东文艺出版社，2007年。

《说文解字》对"星"的解释也颇耐人寻味："星，万物之精"。后来也有人根据隶定字形解释"星"字："字从日从生，生亦声。'日'特指太阳，泛指以太阳为代表的发光天体——群曜。'生'指天地之间的万物众生。‘日’与‘生’联合起来表示‘万物生长所仰赖的群曜’”。这些解释虽不可信，却给“星”增添了几分神秘色彩。

在后世的文学中，星星也同样璀璨夺目。苏轼的《上元侍宴》有：

淡月疏星绕建章，仙风吹下御炉香。

侍臣鹄立通明殿，一朵红云捧玉皇。

当然，这些星象更多的是借以表达诗人的情感，或浪漫，或凄凉……

如今，当夜幕降临的时候，人们更多的是穿行于闪耀的霓虹灯下，似乎遗忘了夜空中那些可爱的小精灵。

【“风” 虽无形却有神】

有一个谜语：“生来本无形，走动便有声，夏天无它热，冬天有它冷”。相信大家很容易猜它的谜底：风。虽然是一个谜语，却生动地揭示了风的特点：无形，却有神。

曾经在一本杂志上看到这样一个故事：清代著名画家李方膺到朋友家做客。席间，一位客人说：“世上什么东西都好画，就是有一种东西画不了！”另一位问他是什么，客人回答道：“风！”在座的人听后都默然不语，心里都承认风确确实实是一种难画的东西。这时李方膺站了起来说道：“能！风也能画。”大家有些愕然。李方膺于是当场挥笔。在大家的注视下，他果然把风会神地画了出来。这就后世流传的著名国画《风竹图》。该图以秃笔湿墨逆笔取势画风中之竹，通过竹叶的独特造型，表现出狂风大作的动态。可谓风无形却有神。

风竹图

引自李方膺《扬州画派书画全集》，天津人民美术出版社，2000年。

从汉字“风”的历史演变，我们也可以一睹风的“虽无形却有神”。

甲骨文“风”作“”，像一只有冠长尾的鸟，实为“凤”字。甲骨文中有这样的记载：“雨不凤”（《甲骨文合集》，一二八一七）即“雨不风”；又有“今日无大凤”（《甲骨文合集》，三九一八）即“今日无大风”。从文字学的角度来看，甲骨文“风”是一个假借字，假借“凤”字来表示风。古人之所以采用这一方式，其实也在情理之中。风，看不见，摸不着。如要造字，能用象形的方法吗？能用会意的方法吗？能用形声的方法吗？我想三者都很难。因此，古人自然想到了假借，想到了借音近的“凤”来表示“风”。甲骨文“”的假借似乎可以折射出古人对“无形”风的迷茫与无奈。

到了小篆，“风”终于有了属于自己的容颜，作“”。《说文解字》：“风，八风也。东方曰明庶风，东南曰清明风，南方曰景风，西南曰凉风，西方曰阊阖风，西北曰不周风，北方曰广莫风，东北曰融风。风动虫生。故虫八日而化。从虫凡声。凡风之属皆从风。凬，古文风。”“从虫凡声”，即小篆“风”为形声字。

许慎对小篆“风”的解释，引起了我们的一个思考：“风”为什么会以“虫”为部首呢？在回答这个问题之前，我们简要地说一说部首“虫”。在古文中，“虫”字可单独成字，读“huǐ”，而不是“chóng”。古文“chóng”作“蟲”。读“huǐ”的“虫”是一种蝮蛇之类的爬行动物，“蟲”则为总名。作为部首的“虫”当是指虫类，而不是蝮蛇之类。

对于前面提出来的问题，许慎给出的解释是“风动蟲生”。也就是说，风能催生万物，故“风”从虫。我们权且不去断言许慎解字的正误，但这一解释体现出来的至少是古人对风的一种认知。

在中国古代，类似于许慎的解释还很多，例如“条风”之说。《史记·律书》：“条风居东北，主出万物。条之言条治万物而出之，故曰条风。”《易·通卦验》有：“立春条风”。《淮南子·天文训》有：“距日冬至四十五日条风至。”《山海经·南山经》：“（令邱之山）其南有谷焉，曰中谷，条风自是出。”晋郭璞注：“东北风为条风。”又唐太宗《正日临朝》有：“条风开献节，灰律动初阳。”宋代周邦彦《应天长·寒食》有：“条风布暖，霏雾弄晴，池塘遍满春色。”明代汤显祖《紫钗记·春日言怀》：“青韶印，看条风拂水，画燕迎门，年年春色倍还人。”

我们暂且不去研究古人留下来的这些言词，但行文中的“主出万物”、“动初阳”、“布暖”、“春色倍还人”这些语词从不同侧面展现了风所带来的勃勃生机。

难怪唐代诗人李峤在《风》中这样写道：

解落三秋叶，能开二月花。

过江千尺浪，入竹万竿斜。

春日游，杏花吹满头
引自吴浩然《丰子恺杨柳画谱》，齐鲁书社，2008 年。

王安石《泊船瓜洲》有：

春风又绿江南岸，明月何时照我还？

又有：

忽如一夜春风来，千树万树梨花开。（岑参《白雪歌送武判官归京》）

不知细叶谁裁出，二月春风似剪刀。（贺知章《咏柳》）

野火烧不尽，春风吹又生。（白居易《赋得古原草送别》）

春风桃李花开日，秋雨梧桐叶落时。（白居易《长恨歌》）

满地梨花白，风吹碎月明。（崔道融《寒食夜》）

品味古人的这些诗词，回头再看“风动虫生”，就不难理解汉代许慎说解的初衷了。

当然，古人的这种认知与农业不无相关。中国自古是一个农业大国，农业生产与风密切相关。现代农业研究表明：不同季节的风，不同方向的风，具有不同的性质。因此，这些不同的风对植物和动物生长的盛衰、损益各不相同。对于农业而言，适宜的风速对改善农田环境起着重要作用。比如，近地层热量交换、农田蒸散和空气中的二氧化碳、氧气等输送过程随着风速的增大而加快或加强。风又可以传播植物花粉和种子，帮助植物授粉和繁殖。古人虽不能像今人一样科学地认知风的作用，但在长期的生产过程中对风也产生了类似今人的感性认识。

“风”带来的不尽是生机，也有肃杀、凄凉。历代流传的一些诗词时常散发着这种气息。

山雨欲来风满楼。（许浑《咸阳城东楼》）

林暗草惊风，将军夜引弓。（卢纶《塞下曲》）

夜来风雨声，花落知多少。（孟浩然《春晓》）

有意思的是，在中国文化中，“風”中的“虫”还有另一番解释，即这只“虫”不是一般的虫，更不是风催生出来的虫，而是龙。龙是中华民族象征，中国人的图腾。它具有蜿蜒回旋如风之气势。在传说中，龙是有足之虫，是众鳞虫之长，能兴云致雨。龙动风起，称为“龙卷风”；龙能吸水，称为“龙吸水”。可见，龙在中国文化中常与风雨相伴。“風”中的“虫”为龙正好契合了汉民族的这种龙文化，也契合了古人万物有神的理念。其实，在汉字中，不仅仅只是“风”具有如此奇特的构形，与“风”字构形相仿的还有一个“虹”字。虹，从虫工声。虹本为天象，在文字里，却归为“虫”类。应该说，这里的“虫”是一种神灵，一种古人的精神信仰。

虹神画像
引自武利华《徐州汉画像石精选》，线装书局，2001年。

不知是因为风与农业生产有关，还是因为风与神灵相通，古人对这种无形之风却有着深刻的理解，《说文解字》以风为部首的字似乎可以说明这一点。在这部字典中，我们共找了十六（含风）个以风为部首的字，它们分别是：

风、䬝、颵、飙、飘、飒、飗、䬍、[illegible]、[illegible]、扬、[illegible]、颲、飔、飕、飐。

以下是部分字在《说文解字》中的解释：

䬝：北风谓之䬝。从风，凉省声。

颵：小风也。从风朮声。

飘：回风也。从风票声。

飒：翔风也。从风立声。

飗：高风也。从风翏声。

看着这些解释，我们不得不惊叹古人对风的认识之细，分类之精。遗憾的是，时至今日，这些与“风”相关的字大都已经废弃不用。从某种程度上讲，这类语词的废弃体现出人们对风的兴趣已逐渐淡去。“风”真的离开了我们吗？当然没有。虽然自然之风悄然地从我们身边吹过，但文化之风却强劲地刮了起来，环绕在我们的周围。

中国古代哲学思想认为，“风”既可以存在于个人的身体之外，又可以存在于个人的身体之中，被分别称为“外气”和“内气”。所谓内气，即存在于体内的“风”，即作为人的生命主题的生气、精气、神气、肺腑之气、营卫之气。所谓外气，即存在于体外的“风”，即作为人的生存环境的天气、地气、风土、风俗、风化、风尚；内气、外气的交互作用，对一个人的气质、性情、格调、气度、神态、仪表将产生决定性的影响。

对于外气，自然之风前已有论述，风俗、风土、风尚则是自然之风在社会中的延伸。《吕氏春秋·音初》：“是故闻其声而知其风，察其风而知其志。”即听到那里的音乐就可以知道这个地方的风俗，考察那里的风俗就知道那里人。可见，随着社会的发展，古人已经赋予了“风”新的内涵，新的精神。《诗经》中的诗歌分为“风”、“雅”、“颂”。朱熹曾注释到：“风者，民俗歌谣之诗也。”（《诗集传·国风一》）“风”又成为文学的一种题材。

“风”记录了无形之物，却蕴含着丰富的文化，可谓神采奕奕。从古到今，“风”总是随着社会的变化而变化，随着人认知的变化而变化。它不断地改变自己的容颜，也不断地改变自己的内涵。如果今天要重新造一个“风”字，不知道是否还会附着一个“虫”字？

【好“雨”知时节】

“好雨知时节，当春乃发生。随风潜入夜，润物细无声。”（杜甫《春夜喜雨》）好一幅宁静祥和而又充满生机的画面。好雨就像慈爱的母亲，随春而至，滋润着世间万物。在华夏文明中，雨又像可爱的小精灵，时刻扣动着华夏民族的心。

这一精灵很早就化身于汉字，简单而又饱含深意。翻开甲骨文字典，你可以看到形态各异的“雨”，作“”、“”或“”等形。甲骨文“雨”生动地描绘了一幅飘飘洒洒的雨景。在这幅富有诗意的画面中，先民对雨的朴质情感跃然纸上。古人画“雨”到底都画了些什么呢？徐中舒在《甲骨文字典》中这样写道：“雨象雨点自天而降之形，一表天，或省一而为，上部之雨点渐与一连而为，又变而为……”可见，甲骨文“雨”有高高的天，又有细细的雨。

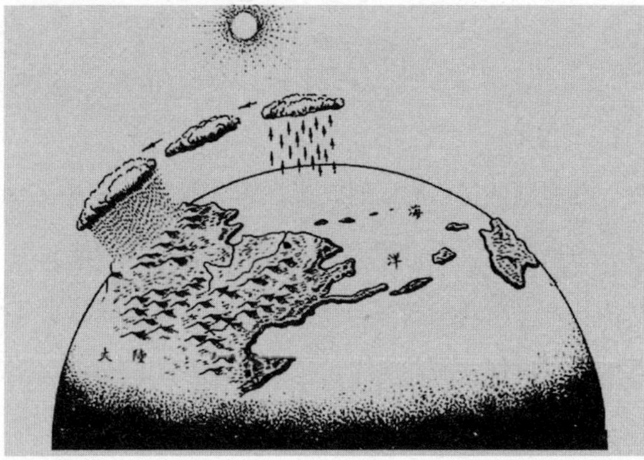

下雨
引自黄洵瑞《雨》，北京书店上海分店，1955年。

金文“雨”字作“”，小篆作“”，显然是甲骨文字形的继承和发展。对于小篆“雨”，许慎在《说文解字》中写道：“雨，水从雲下也。一象天，冂象雲，水霝其閒也。凡雨之屬皆从雨。，古文雨。”与甲骨文比较，许慎对小篆的解释增加了对“冂”理解。将“冂”理解为云，不一定正确，但多少体现出古人对下雨的认知。有云才有雨显然要比神话中所谓的雨神要来得科学。在《易·乾卦》中也有“云行雨施”之说。是呀，有“云行”才会有“雨施”。

你也许会说，对云雨关系的认知就能说明华夏先民的认知能力吗？当然不能。下面的一些论述则可以充分地反映出古人对雨的科学认知能力。东汉王充在《论衡·说日篇》有：“夫云雨出于丘山，降散则为雨也。人见其从上而坠，则谓之天雨也。”董仲舒在《雨雹对》中的解释则显得更加细腻，“攒聚相合，其体稍重，故雨乘虚而坠”，又有“风多则合速，故雨大而疏；风小合迟，故雨细而密”。王充和董仲舒的解释散发着科学气息。华夏先民用气的运行来解释雨则显得有些玄妙。《黄帝内经·素问·

阴阳应象大论》:“地气上为云，天气下为雨。”《大戴礼记》进一步认为:“天地之气和则雨。”受阴阳学的影响，又有“阴阳和为雨”(《春秋元命苞》)之说。

在客观认知雨的同时，雨在古人眼里也充满了神秘色彩。殷商时期，有“帝令雨”之说，即上苍降雨于人间。《殷墟书契·前编》有“帝令雨足年，帝令雨弗足其年”，其意为:“上苍下的雨足够使年成好吗？上苍下的雨不足以使年成好吗？”在古人的观念中，天总是与父、与男性相比附，地总是与母、与女性相比附，即所谓的“乾为天，为圆，为父……坤为地，为方，为母”(《易·说卦》)。这样，古人又把男女交合与雨水的产生相比附，即天公地母交合而化生雨水。

汉字“雨”的构形虽然简单，却生动地再现了下雨时那种飘洒的意境，同时也激发了华夏民族丰富的想象力。

古人对于雨的理解不仅体现在汉字“雨”的身上，也体现在以“雨”为部首的汉字里。粗略统计，东汉许慎的《说文解字》共有51个以“雨”为部首的字，这些字又可以分为以下几类:

与雨相关的自然现象，如:

靁(雷)，陰陽薄動靁雨，生物者也。從雨，畾象回轉形。

霆，雷餘聲也鈴鈴。所以挺出萬物。從雨廷聲。

電，陰陽激耀也。從雨從申。

震，劈歷，振物者。從雨辰聲。《春秋傳》曰:“震夷伯之廟。”

雪(雪)，凝雨，說物者。從雨彗聲。

雹，雨冰也。從雨包聲。

霓，屈虹，青赤，或白色，陰气也。从雨兒聲。

应该说，这些现象并不从属于雨，而是与雨并行的自然现象。但是，在文字构形上，这些字却都从属于“雨”，或者说“雨”成为这类自然现象的通用符号。由此可见，在古人的心里，“雨”是最熟悉的，也是最重要的。

雨自身的现象，如：

零，餘雨也。从雨令聲。

霖，雨三日已往。从雨林聲。

霰，小雨也。从雨酸聲。

霖，久雨也。从雨兼聲。

这些字记录了雨的各类性状。看了这几个字，我们不得不惊叹古人对雨的认知之细，认知之精。你再看看《尔雅·释天》中的解释：“暴雨谓之涷，小雨谓之霢霂，久雨谓之淫。”

雨相关的人事，如：

屚（漏），屋穿水下也。从雨在尸下。尸者，屋也。

雩，夏祭，樂于赤帝，以祈甘雨也。从雨于聲。

一个“漏”字体现了雨在古人日常起居中的影响，而“雩”字则直接表达了古人对雨的渴求。

以上这些文字从不同的侧面展现了古人与雨的密切关系，也表明了古人对雨的重视。古往今来，雨水关系到万物的生长。《易·乾卦》有：“云行雨施，品物流行。”即“行云施雨，滋润恩泽万物，雕塑出不同的品类。”《释名》又有：“雨，辅也。言辅时生养。”

古人对雨的这种深厚情感当然也源自他们赖以生计的农业生产。要明白这一点，你读一读以下的这些歌谣谚语也许就知道了：

春雨贵似油，多下农民愁。

立春三场雨，遍地都是米。

春雨漫了垅，麦子豌豆丢了种。

雨洒清明节，麦子豌豆满地结。

麦怕清明连夜雨。

夏雨稻命，春雨麦病。

三月雨，贵似油；四月雨，好动锄。

春天三场雨，秋后不缺米。

清明前后一场雨，豌豆麦子中了举。

古时的小农生产方式离不开大自然的恩赐，哪怕大自然的微小变化都会影响到他们的生活。雨多则涝，雨少或无则旱。古代农业对于水特别是雨水的过分依赖，使得中华先民对雨水充满了崇拜之情。在生产力十分低下的那个时代，由于知识和经验的有限，先民们在自然界面前往往表现出迷茫而又软弱。但是，这种状况并没有影响到他们发展生产、争取美好生存条件的愿望。不过，面对自然的不测和残酷，他们只好借助于超自然的巫术了。由此，华夏文明中衍生出了许多对于雨水崇拜的文化现象，甚至不少带有浓厚的神秘色彩。

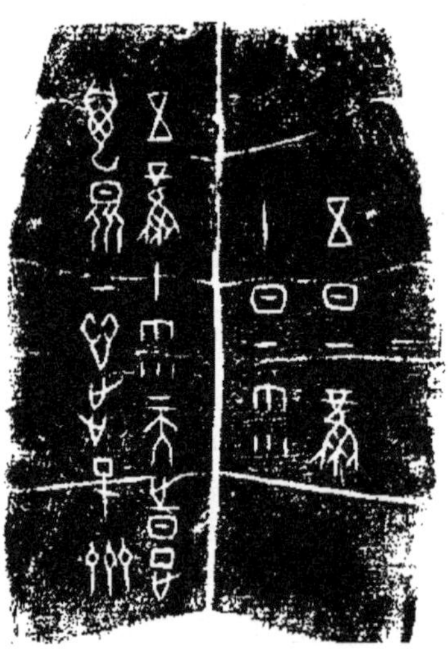

殷墟卜辞
引自罗振玉《殷墟书契前编》，1913 年。

这种色彩表现在华夏先民丰富的祈雨对象，比如向天神祈雨。殷墟卜辞中存在着一些向天神祈雨的记载，如：“今三月帝令多雨？”（《殷墟书契前编》3185）在殷人的心目中，雨水是由天神主宰的，天神让下雨就下雨，天神不让下雨就不下雨。因此，要得到雨水，就必须向天神祈求。又比如向雨师祈雨。雨师即主管雨水的神，是人神化较早的气象水神。传说中的雨师很多。《楚辞·天问》有：“蓱号起雨，何以兴之？”王逸注曰：“蓱、蓱翳，雨师名也。”毕星为雨师。《诗经》有“月离于毕，俾滂沱矣”，即毕星是降雨的征兆。东汉蔡邕《独断》中有：“雨师神，毕星也，其象在天，能兴雨。”关公、麻姑等神灵也常被一些地方的人们视为祈雨的对象。在对诸雨神的崇拜中，影响最大的当属主宰天地间一切水府的龙神。

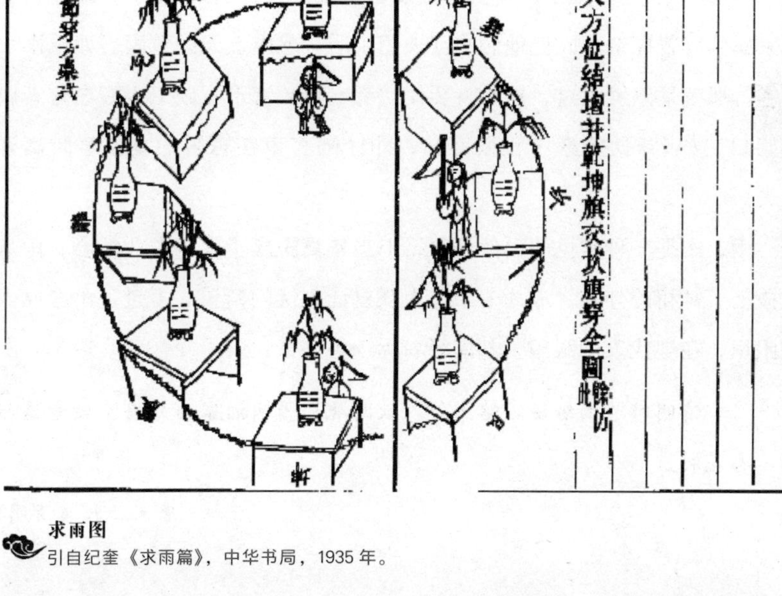

求雨图

引自纪奎《求雨篇》，中华书局，1935年。

古人祈雨的方式多种多样。有焚烧巫师以祈雨，《左传》有这样的记载：“夏，大旱。公欲焚巫、尪。”郑彦注曰：“旱者而向天，天哀而雨之。”意思是说天大旱，鲁僖公将巫人仰面朝天置于木上焚烧以求雨。在古人的心目中，巫是上天的使者，沟通天地是他们的职责，用火焚巫是令其升天亲自向上天禀告人间的旱情，乞天降雨。随着祈雨仪式的完善，出现了由国家任命专司祈雨的巫师，并形成了一套比较典范的祈雨方式——舞雩。据《周礼》记载，周朝设春官大宗伯职位，其任务是祭祀天神、地和人鬼，并明确规定：“司巫掌群巫之政令，若国大旱，则帅巫而舞雩”。《公羊传·桓公五年》曰：“大雩者何？旱祭也。”雩的基本形式是舞蹈，祭祀时由巫女组成舞蹈队，一边跳舞一边呼号，同时献上牺牲玉帛等贡品。又有性巫术祈雨仪式。即以男女交媾行为或象征性的男女交媾行为作为祈雨的表现形式。这一仪式以男女和、阴阳相交来感发雨的降临。《路史》“余论”引《请雨法》有“令吏妻各往视其夫，到雨而止”，即让官吏的家属到官署探亲，以让他们的“夫妇生活”感应上天以致雨。如果雨水过剩，那就是感发太过，这时就要使“都（京）官千石以下夫妇在官者咸遣妇归”（《春秋繁露·止雨篇》），即让随官吏在官署的妻室暂时离开丈夫。

雨，本是一种常见的自然景象，但当华夏民族步入了农业社会，雨从此披上了神秘的外衣，成为一个让人欢喜让人忧的精灵。不过，雨在文人的眼里，在现代人的眼里，却演绎着另一番情愫：

清明时节雨纷纷，路上行人欲断魂。借问酒家何处有？牧童遥指杏花村。

——唐·杜牧《清明》

“雷” 倒没？

近日，朋友穿了一件花哨的衣服来找笔者。朋友走后，一位同学做了一个鬼脸，轻声地说道：“好雷人哟！”对于学生的话语，我莞尔一笑。这些年来，“雷”已经成为一个热门的语词，尤其成为年轻人的一个常用词。

谈到雷，不禁想到傅玄的《惊雷歌》“惊雷奋兮震万里，威凌宇宙兮动四海”。雷，一种颇具威力的天象。对于雷的威力，今人感受如此，古人亦是如此。

甲骨文已出现“雷”字，作“”、“”、“”、“”等形。甲骨文“雷”形体多样，但有一个共同特点，即字形中间都有一条折线，不同的是线条旁边的点缀物，或点，或圆圈，或“田”字形。

“雷”字中间的折线是什么呢？一般认为是闪电。徐中舒在《甲骨文

雷电
引自宁波市摄影家协会《宁波优秀摄影作品集》，宁波出版社，2001年。

字典》中分析到：“从𠃭(申)，申即电，电相击而有雷声，故以电之闪光表示雷之特征。”徐中舒先生所说的“𠃭”是否可靠呢？查阅甲骨文，我们可以发现这个字形。叶玉森先生也认为“甲骨文‘𠃭’字象电耀屈折形。”“𠃭”到底是什么呢？在《说文解字》中，我们找到了一个相似的字形，“申，神也。七月，阴气成，体自申束。从臼，自持也。……𢆳，古文申。𦥔籀文申。”“𦥔”与“𠃭”相似。从目前的研究来看，“申”字的籀文形体“𦥔”与甲骨文形体“𠃭”一脉相承。因此，我们可以认为甲骨文“𠃭”就是“申”字。“申”到底是不是“电”，《说文解字》“虹”下的一段说解则可解决这一谜团。《说文解字》：“虹，䗖蝀也。状似虫。从虫工声。《明堂月令》曰：‘虹始见。’𧌑，籀文虹从申。申，电也。”其中的“𧌑，籀文虹从申。申，电也”直接点出了“申”字与

“电”字的关系。金文中有一个“电”字，作“”，从雨从形，其中“”与甲骨文“申”的字形相同。从《说文解字》的相关解释和金文“电”的字形，我们可以肯定古文“电”与古文“申”同一字。可见，徐中舒的解释应该是正确的。

华夏先民设计“雷”字，离不开闪电。神话传说中的雷，也同样离不开电，这就是传说中雷神和电母。在神话传说中，他们成为一对如影随形的神仙夫妻。雷公一名最早见于《楚辞·远游》：“左雨师使径侍兮，右雷公以为卫。”因雷在传统的阴阳学上属阳，所以雷被冠以公，即雷公。在一些传说中，雷也被称为雷师、雷神。华夏民族很早就有了雷公的信仰，并为我们描绘了一个个栩栩如生的雷公像。《山海经·大荒东经》有：“状如牛，苍身而无角，一足，……其声如雷。”东汉王充在《论衡·雷虚》中有：“图画之工，图雷之状，累累如连鼓之形。又图一人，若力士之容，谓之雷公。使之左手引连鼓，右手推椎，若击之状。”传说中的雷公形态各异，颇具神秘色彩。雷公的妻子电母为司掌闪电之神，传说中也常被称为金光圣母、闪电娘娘。到了宋元，电母又有了名姓。据《铸鼎余闻》记载：“电母秀使者，名文英”。在四大名著之一的《西游记》中，我们也常常可以看见电母之词。在历代诗词中，雷公与电母也常形影不离。例如宋代苏轼有“麾驾雷公诃电母”（《次韵章传道喜雨》）。

甲骨文“雷”字中的点缀物又是什么呢？一般认为是雷声。《释名·释天》：“雷，硠也，如转物有所硠，雷之声也。”硠，读为láng，表落石或雷鸣之声。《释名》以雷的声音解释雷，可见，巨大的雷声是雷的突出特征。至于这些点缀物具体是什么，则尚有一些争议。徐中舒在《甲骨文字典》中称：“又以实点作‘’形，小圆点作‘’形，或形形表雷声。甲骨文中之小圆点，即实点之虚廓，二形相通。而小圆点又因

雷公（汉画像石） **雷神**

引自王孝廉《岭云关雪——民族神话学论集》，学苑出版社，2002 年。

中间加横竖画为纹饰而作，因契刻不便改圆为方而作田字形。”可见，徐认为这些点缀物就是雷声。

金文“雷”作“”、“”、“”、“”等形。对于其中的“”形，一些学者认为是车轮。在汉字中，有个专门表示车运行声音的字——轟（从三车，今简化作“轰”）。人们形容雷声也常用“轰隆隆”。这样看来，“”为车轮也似乎有些道理。

隆隆的雷声惊天动地，古人自然想到了击鼓。《正字通》：“击鼓曰雷。”这样，雷又多了一个意义——击鼓。为渲染鼓的威力，一些鼓也被冠以“雷”字，《周礼·地官·鼓人》：“以雷鼓鼓神祀。”雷鼓，即八面鼓。有鼓的门则成为雷门，《韵会》：“雷门，会稽城门，有大鼓，声闻百里。”《前汉·王尊传》：“毋持布鼓过雷门。”也许因为这样，鼓成为雷公形象的重要组成部分，如前文所提的“使之左手引连鼓”。今天，在规模较大的道观和庙宇中，我们常常可以看到这样的雷公形象：神像似力士状，裸胸露腹，背有双翅，额长三目，脸赤如猴，下巴长而锐，足如鹰爪。左手执锲，右手执锤，作欲击状。自顶至旁，环悬连鼓五个，左足盘蹑一鼓。到这里，我们似乎又可以这样理解："雷"字中的""就是雷公使用的大鼓。

金文"雷"也作""形，与其他"雷"字相比，增加了"雨"字。后来的小篆保留了这个"雨"字，作""。今天的"雷"字也保留了这一个构形特点。"雷"字以雨为部首不难理解，因为打雷往往伴随着下雨。如今的天气预报不也有"雷阵雨"、"雷雨"之说吗？有意思的是，在汉字体系中，表天象的字往往以"雨"为部首，如霜、露、雾等。在文字的构形中，"雨"似乎成为一些自然天象的类符。当然，也有"光打雷不下雨"的时候。这不，甲骨文"雷"字就没有"雨"。

汉字"雷"的构形大写意式地勾勒出雷的特点，也折射出古人对雷的认识。雷是震撼的，也是令人敬畏。

敬是因为雷给世界以生命和希望。《礼记·月令》有："仲春，雷乃发声。"春雷阵阵，预示着生命的开始。许慎《说文解字》："雷，……生物者也……"《易·说卦》有："雷以动之，风以散之，雨以润之。"翻开中国的神话传说，我们可以阅读到雷公育子的故事。如唐代沈既济《雷民传》：

> 昔（雷州民）陈氏因雷雨昼冥，庭中得大卵，覆之数月，卵破，有婴儿出焉。自后日有雷扣击户庭，入其室中，就于儿所，似若孵哺者。岁余，儿能食，乃不复至。遂以为己子。（陈）义即卵中儿也。

畏则是因为雷具有摧毁生命的力量。现代科学研究表明，雷电所形成的巨大电流、炽热的高温、强大的辐射和冲击波等，都具有很大的破坏力，足以夺取宝贵的生命，破坏坚固的建筑物。据相关报道，1986 年 4 月，湖南省溆浦县的观音阁、双井、低庄乡等地发生了落地炸雷，殃及了

3个乡6个村庄。据当地调查组调查，雷击造成死亡7人，伤10人，其中重伤3人，有一名死者的头发、衣物全被烧化，身躯也被烧焦变形，惨不忍睹。对于雷的威力，传世文献也有相关记载。比如，唐宋文人笔记多记大雷雨后，雷神、雷鬼从空而降，霹打不孝子和不法商人。这些记载虽然带有神话色彩，但却曲折地表现出雷的威力。当然，雷的这种破坏力也激起了华夏先民对雷的恨，陈鸾凤杀雷神的故事也许就是这种情绪的体现：

> 唐朝元和年间，有个叫陈鸾凤的，是海康人。海康有座雷公庙，当地人虔诚地这里打扫祭祀，妖邪荒诞的事却时时发生，当地人来到雷公庙祈祷降雨然而毫无响应，鸾凤十分恼怒。当鸾凤遇见雷公后，便挥动手中的刀，砍去雷公的左腿。雷公跌落在地上，形状像熊和猪一样，身上有毛有角，还有青色的肉翅膀，手里握着短把的金刚石斧，伤处血流如注。此时，云和雨都消失了。

雷击
引自黄洵瑞《雨》，北京书店上海分店，1955年。

在古人的眼里，雷真的很雷人，甚至比现代人眼里的雷还要雷。这不，古人创造了“五雷轰顶”。何谓五雷？即金雷、木雷、水雷、火雷和土雷。

古往今来，雷的威力确实大，可以雷倒了我们周围的一切。在这个多彩的现代社会里，在这个思想激烈碰撞的年代里，时刻都可能产生火花，产生巨响，足以像雷一样把我们的年轻人一个个雷倒。

〖“朝”——日月之行〗

“朝辞白帝彩云间，千里江陵一日还。两岸猿声啼不住，轻舟已过万重山”，好一首绚丽、明快的唐诗。对于诗中的“朝”，大家不难理解。在现代汉语中，“朝”有两个读音。一为“zhāo”，表时间，有清早、清晨之义；一为 cháo，有朝廷、朝代之义。在这首诗歌中，“朝”读为前者，有“清晨”之义。“朝”字表时间似乎没有什么疑问，因为我们仍可以从今天的“朝”字中发现“日”字和“月”字，而“日”和“月”是汉字中表时间的代表符号。

不过，当深入到“朝”字的发展历史，你会发现问题并不是这样简单。

在甲骨文中，我们可以找到“”、“”、“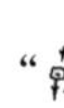”等字形，这些字形都包含屮（即草）、日和月。对于这一字形，一些学者释读为“春”字，一

白帝朝晖
引自黄润华《长江中国画选集》，上海美术出版社，1981年。

些释读为“萌”字，但大多数学者认为是“朝”字。我们的观点倾向于后者。对于甲骨文的这一字形，罗振玉先生解释为“日出草中，而月尤未没”。也就是说，清晨，刚刚从草丛中露出可爱的脑袋，月亮还恋恋不舍于天际边。如果你不信，倒是可以用心去观测。不过，你可不能睡懒觉了。

“朝”的金文形体作“𠦝”、“𠦝”、“𠦝”等。与甲骨文相比，金文“朝”字中已经没有了“月”，取而代之的是“川”（或“水”）。对于金文“朝”，一些学者认为：𠦝是莫的省文，字表示在日暮时分到来的潮水。吴大澂认为“一曰。小水入大水谓之朝。故从巛”。关于“潮”字，我们在

《说文解字》中发现了一个“淖”。许慎这样解释“淖，水朝宗于海。从水，朝省”即淖为“潮”的小篆形体。由此可见，金文“朝”字实际为“潮”的本字。小篆“朝”作“”，金文的“水”或“川”在这里变为了“舟”字。很显然，小篆“朝”是金文的讹变。说到这里，金文和小篆“朝”似乎与早上无关了。

不过，汉代许慎还是将这个字与“早上”义联系在一起。在《说文解字》中，他解释到：“𠦝，旦也。从倝舟声”。“舟”为声符，又“倝（gàn），日始出，光倝倝也”。可见，许慎认为“朝”为形声字，而并非是一个会意字。这一解释似乎摆脱了“舟船河流”对“朝”义的影响。

综合分析以上三种字，它们彼此之间应当存在这样的关系：表早上义的“朝”先有甲骨文字形“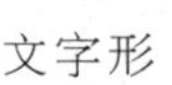”。表潮水的“朝”以甲骨文字形为基础，增加意符“”而构成。后来表早上义的“朝”没有采用甲骨文形体，而是借用表潮水的“”的字形。这一过程，实际上是文字学上所谓的假借。小篆则是在金文的基础上，改表意的“川”和“水”为表音的“舟”，成为形声字。如今，“朝”字又回归到了甲骨文时代的“朝”字。

明白了“朝”字的结构和字形的变迁并不意味着我们真正地理解了“朝”字。我们还可以问：古人设计“朝”字，为什么选择草？为什么选择日和月？一个“朝”还蕴含着什么？

古人设计“朝”字，为什么选择草？我们觉得有两个原因：

第一个原因是华夏先民生活在一个百草丰茂的世界里。对于他们而言，草是他们最熟悉不过的东西了。这里的草不仅丰茂，而且广阔，郁郁葱葱的小草一直延续到天边。太阳从东方的地平线升起，小草自然成为最早迎接日出的小精灵。让先民去造“朝”字，自然会想到小草了。造字人所处的自然环境不同，造出来的字往往不同。云南纳西族有一种文字叫东巴文。在这种文字中，也有一个“朝”字。这个“朝”字画的不是草和日，而是山与日，像太阳从山顶上升起来的样子。很显然，这与云南丽江一带的地貌密切相关。

第二个原因是草的高度。草以它的小而著称，或许这就是它能第一个迎接太阳的原因吧！如果用山作为参照物，当太阳在山头出现，或许已经是“日上三竿”了。如此构形，我们的先民岂不是成了一个懒惰的民族。这显然不符合华夏民族“日出而作，日落而息”的传统。以草为标志似乎体现了古人对时间的珍惜。这里，我们又不禁想到“旦”字。“旦”甲骨文作“”，像太阳刚刚从地平线上升起，下部似乎还有所粘连。从这个字形来看，古人对时间的把握似乎有些斤斤计较了。比草高的参照物也有，这就是树木。汉字中有一个“杲”字就是以“木”为参照物。杲，读为“gǎo”《说文解字》：“明也。从日在木上。”可见“杲”字所表的义与“朝”并不相同。太阳到了树的上方，天当然已经大亮了，而不是在草中时的朦胧。看完这三个字，我们不得不惊叹古人造字时的精密。

无独有偶，在汉字中还有一个“暮”字。“暮”最早写作“莫”，甲骨文作“”，像日落到了百草丛中。“朝”和“莫”，一个表早上，一个表傍晚，为白天的两头节点。在构形上，两者都以“草”作为参照物。由此可见，古人以“草”为“朝暮”的构字部件并非一时兴起，而是经过了慎重的考虑而做出的重大决定。

造“朝”字，古人又为什么选择日和月呢？一则客观使然，一则是华夏先民对天文超乎寻常的观测能力。

之所以说客观，因为以日和月作为时间标志物，不仅是华夏民族，全世界很多民族都是如此。虽然文化不同，但日月之类的天象是一样。一说到白天，自然会想到太阳，一说到晚上，自然会想到月亮。“日”字本义就是今天所谓的太阳。在上古，“日”就开始用来表示白天。因为日运行一次为一天，所以“日”字也可以用来表示一天。“月”能否表示晚上呢？当然可以，这就是“夕”字。“夕”本来就是一个弯月的形象。月亮圆缺一次，意味着一个月，因此，“月”字又有了一个月的意思。可见，在上古时期，人们已经能灵活的使用日月表达自己的时间观念。我想，作为一天之中最重要的朝，同样也不会忘记日和月。

就目前的文献资料来看，华夏先民对天文的观测有一种超乎寻常的能力。据相关考证，早在尧舜时期，专门从事“观象授时”的职业就已经出现。考古出土的一些文物也常常出现各类天象。例如，在仰韶文化中，我们可以看到器物中光芒四神的太阳形象。在目前出土的殷墟甲骨文中，我们可以发现有关天文的记载，诸如日、月、彗、日食、月食、流行星等。如此发达的天文自然会影响到某些汉字的结构。讲到这里，我们或许可以说“朝”字从一个小侧面展现了古人对天文的深刻认知。

汉代日晷（河南洛阳出土）
引自王德昌、张建卫《时间雕塑》，安徽科学技术出版社，2006年。

当然，随着社会的变迁，生产技术的发展，各种记时工具也应运而生，比如有计时仪器漏壶，有圭，有日晷（guǐ），有沙漏……在传世文献中，我们仍可以看到有关计时仪器漏壶记时的描述，“夏至前后，‘昼长六十刻，夜短四十刻’”，“冬至前后，‘昼短四十刻，夜长六十科’”。

文化在变，记时工具和方式在变，汉字也在变。也许因为这样，“朝”逐渐改变了自己扮演“早上”的角色。

曹操在《观沧海》中有："东临碣石，以观沧海。水何澹澹，山岛竦峙。树木丛生，百草丰茂。秋风萧瑟，洪波涌起。日月之行，若出其中；星汉灿烂，若出其里。幸甚至哉，歌以咏志。""日月之行，若出其中；星汉灿烂，若出其里"，好不壮观。假如让曹操再造一个"朝"字，日月旁边的象形符号也许就不是草，而是海了。

【祥“云”万福】

小时候最喜欢做的一件事就是和好朋友一起静静地躺在草地上仰望蓝天，数天空中一朵朵飘过的云。我时常幻想自己能坐在云端，然后笑着看地上的人。长大了之后，似乎连抬头看天的次数都少了很多，但每次乘飞机远行，望着窗外漫无边际的云“田”，总有一种想跳上去踏云漫步的冲动。

有一次无意中读到了方国瑜先生的《纳西象形文字谱》，纳西族的东巴们把“云”写成、、等形状，有时也会简化成。这让我不禁回忆起儿时脑海中云的形象，重新勾起我看云的欲望。不同的是，比起那时的幻想，现在的我更想知道“云”到底是什么？

甲骨文中的“云”作“”或“”，虽然没有东巴文中的“云”形象生动，但是也勾勒出了“云”的基本形状。《先秦货币文编》中的云作“”、“”，在“云”上加了意符“(雨)”，就是“云”的繁体“雲”

字。《说文解字·卷十一下·雨部》："雲，山川气也。从雨云，象雲回转形。凡雲之属皆从雲。古文省雨。亦古文雲。"也就是说，"云"为古字，"雲"为后起字。武丁时期有占卜求云祈雨的卜辞，如："己丑卜，争贞：亦呼雀燎于云，犬。贞：勿呼雀燎于云，犬，二告。"又："贞：兹云其雨。贞：不其受年。"又："癸亥卜，贞：旬一月，昃雨自东，九日辛未，大采各云自北，雷，延大风自西，刜云率雨，毋着日……"。"雲"字产生后，有时仍用"云"字，如《战国策·秦策四》："楚燕之兵云翔不敢校。"睡虎地秦简及西汉前期的马王堆汉墓竹简都有以"云"代"雲"的例子，如马王堆汉墓竹简《十问》："而新气日盈，则形有云光。"

有学者认为，这个字形在卜辞中在经常被假借用来表示"旬"。如《龟甲兽骨文字》中说："贞尞于三。"后编云："卜尞于六。"这里的"三"与"六"就是三旬及六旬的意思。商代的人们习惯以旬为单位记日。而卜辞中卜旬之事也是很常见的。《说文》中释"旬"为"十日为旬。从勹日"，而"勹"很可能是"云"之伪，"云"、"旬"两字读音相近，所以可以相通。

卷云纹玉环

引自薛翔《中国古玉器》，湖北美术出版社，2003年。

一般认为""为云的最初古文，象云的回转之形。段玉裁《说文解字注》释"云"中说该字"从古文上，象自下回转而上。"也就是说，云的这个字形是根据"云"的回转之态而造出来的。如《诗经·小雅·正月》："昏姻孔云"。毛传："云，旋也。"

早在中国的新石器时代，就在彩陶

上出现了“云”的纹饰，简称云纹，它可能是人们对天上的云彩的线条型描画。由于“云”又有“回转，回旋”之义，所以云纹又称为“旋纹”。旋纹的最初形成和原始功能与人们的自然崇拜不无关系。原始人类以定居的农耕方式来生活，由于生产力低下，人们非常依赖自然条件。在采集和耕作中，他们发现云多就可能下雨，甚至打雷、闪电，因此处于蒙昧时期的人们对云自然而然地产生了敬畏之心。《论衡·乱龙》曰：“神灵之气，云雨之类。”在殷商甲骨文中，就有不少祭云习俗的记录，人们将云绘制在各种岩壁、器物之上加以膜拜。

旋纹在新石器时代中晚期马家窑文化出土的彩陶上出现很多，这些用线描绘出像银河系外形的旋涡形状，互相连结在一起。这种旋纹不仅仅是人们对自然的简单的模仿，它可能也包含人们对那些流动反转、盘曲回旋、周而复始的自然运动规律的认识。

在《说文》中许慎释“云”为“山川气也”，也就是说，云是大自然的气。秦汉时期，道家注重养气，羽化升天、长生不老是这一时期盛行的神仙思想。他们认为“云”是天与地的联系者，所以把云纹刻在器物上。这样不仅起到美观作用，也表示对宇宙的崇拜和敬畏，并祈祷国家强盛，人们生活安定，风调雨顺，五谷丰登。魏晋南北朝时期，佛教盛行，受此影响，云纹多用于佛像、壁画中，佛像身边多有飘带状的云纹围绕。隋唐时期是云纹的成熟时期，云纹与灵芝结合产生了如意云纹，意为吉祥如意，并广泛地应用于建筑、服饰之

十六片如意云头大披肩
引自洛阳市文物局、洛阳民俗博物馆《洛阳刺绣》，三秦出版社，2006年。

中，因其寓意美好，而流传至今。2008 年北京奥运会火炬上的图案就是“祥云”，它象征着“渊源共生，和谐共融”。

2008 年北京奥运火炬祥云图案

“云”的特征不仅在于它的形态呈现回旋形，还在于它的轻与薄，它如丝如缕，漂浮在美丽的天空。所以女词人李清照在《浪淘沙》中就用“一缕轻云”来描写她自己的绰约身姿：“袅袅婷婷何所似？一缕轻云。”也正因为云的轻与薄并且飘浮在空中，人们才造了“浮云”这个词。它本义是指漂浮的云彩，现在也常单独作为比喻义或引申义使用，用来表示漂浮不定、变幻无常的状态或者指虚无缥缈的东西。“浮云”最早出自《论语·述而》：“子曰：饭疏食饮水，曲肱而枕之，乐亦在其中矣。不义而富且贵，于我如浮云。”这里以浮云来比喻不合义理而得到的富贵。又如《周书·萧大圜传》：“嗟乎！人生若浮云朝露。”这里把人生比作浮云，是因为人生如飘浮的云一样变幻无常。现在网络上有一句流行语叫“神马都是浮云”。“神马”是“什么”的谐音，也就是“什么都是浮云”，意思是什么都不值得一提，有抱怨感叹之意。一个人拥有凡事皆浮云的淡定态度，也不失为一种精神胜利法，来告诫自己对不着边际的事情，不要抱有幻想。

再抬头看看天上的云，轻盈而又沉重，多姿而又善变，令人不禁想起一个成语：白云苍狗。早已不会再像儿时那样幻想自己能够坐在云端笑看地上的人了。环顾现实生活的点点滴滴，我不得不承认自己也还达不到视一切为浮云的境界，只愿每一天都有一朵祥云漂浮在天空，给人们带来万福！

【天神之“电”】

目前物理学界公认，世界上存在四种基本的相互作用：万有引力（简称引力）、电磁力、强相互作用、弱相互作用，电就是自然界四种基本相互作用之一。几千年来，“电”一直都是令包括天文学家、物理学家等各领域科学家们好奇的智慧玩意儿。电是一种自然现象，是一种能量。

那么电的能量最初来自哪里？若从文字学角度出发，我们或许可以从“电”的初文中找到蛛丝马迹。

《说文解字·卷十一·雨部》：“電，阴阳激燿也。从雨从申。電，古文电。”大多学者认为，“申”是“电”的最初字形，加“雨”部的“電”是后起字。“申”甲骨文写作[illegible]、[illegible]、[illegible]、[illegible]、[illegible]，该字形形状曲屈，像电光闪动之形，电光就是雷之光。远古时期地球上的自然环境非常险恶，各种变化非常剧烈但人们却无法控制。巨大的火山爆发、肆虐的洪水、四处出没的野兽都对原始人的生存和安全构成了严重威胁。再加上对山呼海啸、山崩地裂、电闪雷鸣、日食星坠、四季更替等自然现象无法理解，由此原始人群对大自然产生了一种巨大的恐惧感。古人造字之初，缺乏科学知识，见到天象变化，崇敬之念顿生，不仅对此顶礼膜拜还模仿其形象，绘出各种记号。(申) 就是在这样的背景下产生的。

由此可推断，“申”字的原意应当来源于先民对天上出现的电光的形象描摹。后来“申”字又假借为表示十二地支的“申”，为与该字的本义相区别，在周代时又加意符“雨”变成(電)，以表示电之义。

所以，古时“電”字写作(申)，到了周朝时才开始加上雨旁，变成

闪电

引自黄成、张驰《全天候摄影大师技法》，电脑报电子音像出版社，2010年。

[illegible]，小篆電作“電”，一直到字变隶楷，“電”字都没有大的变化，所表示的意思仍然是“申”的本义——闪电。

古文献中关于电的本义的记载亦有不少。如《春秋繁露·五行五事》中：“秋多电。电者，火气也。”中国古代的五行说以火之气为物质运动的因素之一。古人以其同金、木、水、土等相生相克，并与五音、五色、季节等等相联系，故用火来解释“电”的现象，所以电亦有“电火”之称。《谷梁传·隐公九年》：“三月癸酉，大雨震电。震，雷也；电，霆也。”疏曰：“霆者，霹雳之别名。有霆必有电，故传云：‘电，霆也。’按，霆，电实同一词，后来歧为二义：其声曰霆，其光曰电。”又如《吕氏春秋》：“雷电之所以生，阴阳材物之精。”《吕氏春秋集解》曰：“震气为雷，激气为电。”又有《礼记·月令》：“仲春，雷乃发声，始电。”可见，雷与电两者是一体的。

电母（闪电娘娘）
引自马书田《中国道神 彩色图文本》，团结出版社，2006年。

由“申”孳乳出来的字形有很多，“神”就是其中之一。“神”字是在“申”的加上与祭祀礼仪有关的“示”旁构成的。“神”的产生与“申”的本义有很大的联系。《说文解字·卷十四·申部》：“申，神也。”恩格斯说：“我们只能在我们时代的条件下进行认识，而且这些条件达到什么程度，我们便认识到什么程度。原始人的认识范围极其狭隘，只能通过最简单的劳动获得最简单的认识，这就决定了他们只能运用最简单的类比判断由已知的东西区推断未知的东西，用虚化的、神话的、拟人化的东西去解释自然。”初民浑噩，穴居野处，他们不能躲避风雨。雷闪电击之无限威力、变化莫测、声音之大、光亮之强，让人敬畏。当迅雷风烈，一旦触电而死就是非常恐怖的事情。由于电降自天，因此人们见而畏之，并奉以为天神，所以说“申”为“神”。《说文解字·卷一·示部》中释“神”：“天神，引出万物者也。”这与《圣经》经文记载的“神”（即以色列人认识的神）亦有共同之处，《圣经》上的神自有永有、创造宇宙万物、全能、大能、全知、全智，并给予信仰他的人以随时随地帮助。

中国的神仙，主要是由佛教与道教组成的。在神仙与神仙之间，则遵从着儒家伦理思想。道教以“道”为最高信仰。“道”无形无象，而又生育天地万物。“道”在人和万物中的显现就是“德”，故万物莫不尊道而贵德。道散则为气，聚则为神。神仙既是道的化身，又是得道的楷模。神仙以济世度人为宗旨，故道教徒既信道德，又拜神仙。道教信奉的最高尊神是“三清”，其次为玉皇等四御，再次则为众天神。老百姓最熟悉的则是风、雨、雷、电、水、火诸神，以及财神、灶神、城隍、土地等。

随着社会的发展，人们对自然界万物的认识能力提高，各种畏惧感也渐渐转化成求知欲和征服力。据记载，阿拉伯人可能是最先了解闪电本质的族群。他们也可能比其他族群都先认出电的来源。早于 15 世纪以前，阿拉伯人就创建了“闪电”的阿拉伯字“raad”。闪电是云与云之间、云与地之间或者云体内各部位之间的强烈放电现象。闪电不仅会产生光亮，还会释放大量的热量，这使沿途空气剧烈膨胀。空气移动迅速，因此形成波浪并发出声音。闪电距离近，听到的就是尖锐的爆裂声；如果距离远，听到的则是隆隆声，这就是我们在闪电过程中经常听到的雷声。闪电的威力很大，甚至会给人们的生命造成危害。我们没有能力去阻止它的发生，但是可以有意识地采取各种方式去躲避它来保护自己。今天，闪电已经不再是高居神坛的尊神，它早已回到自然现象的行列。我们不妨大胆预测，在科学的凌厉攻势下，闪电总有一天也会被人类驯服，如牛马一般为人类服务，那时，天神之“电”将完全成为远古的传说。

地理类

【说 “地”】

“……春风呀春风，你把我吹绿，阳光呀阳光，你把我照耀，河流呀山川，你哺育了我，大地呀母亲，你把我轻轻拥抱……”（《小草》）。歌曲中，作者赞颂春风，赞颂阳光，赞颂河流，赞颂山川，但更以母亲作比歌颂大地。

是呀！大地以其广博的胸怀养育着世间万物，人们不会忘记。他们用自己独有的语言歌颂她，有优美的歌，有含蓄的诗，也有奇特的汉字……

汉字“地”最早出现在小篆中，作“地”。目前，甲骨文和金文尚未发现“地”字。虽未发现甲骨文和金文“地”字，但我们不能说远古时期的人没有地的观念，也不代表小篆之前没有表“地”的汉字。在《说文解字》中，我们就发现了一个比小篆还要早的形体——籀文“地”（按学界观点，一般认为籀文是东周的官方文字），作“墬”，可隶定为“墬”。籀

大地
引自程萌《诗意大地：自然摄影技法》，江西科学技术出版社，2003。

文“地”由隊和土组合而成。构形中的“土”比较好理解，“隊”则有些玄妙。曾经有一位学者认为：“隊，墬……借豕墜于地之形以及隊声而作为地字用，后来，汉人以地代墬，墜为墜落字，以隊为队伍字，遂分为三字……”也就是说，“墬”（地）中的“隊”兼有表音和表意的作用。“隊”的表音作用显而易见，“隊”（墜）的表意作用则颇有深意。

其实，以“墬”表“地”体现出来的是古人的大地形成观。墬有下降、降落之意，也就是说，“地”的形成有一个降落的过程。在中国文化中，天地起源的传说很多，最有名的当属“盘古开天地”。这一神话为我

盘古开天辟地
引自聂作平《中国神话传说》，天津教育出版社，2007年。

们展现了大地形成过程中的下沉景象。盘古开天地的故事最早见于三国徐整著的《三五历纪》：

> 天地混沌如鸡子，盘古生其中。万八千岁，天地开辟，阳清为天，阴浊为地。盘古在其中，一日九变，神于天，圣于地。天日高一丈，地日厚一丈，盘古日长一丈，如此万八千岁。天数极高，地数极深，盘古极长。后乃有三皇。数起于一，立于三，成于五，盛于七，处于九，故天去地九万里。

前面几句的大意为：天和地混混沌沌连为一体，宛如一个鸡蛋。传说中的盘古孕育其中。又过了一万八千年，盘古终于睁开了眼睛。不过，此时的天地仍是浑浊不分。于是盘古拿起斧头，用力一挥动。瞬间，至阳清澈之气开始上升，形成了天；至阴浑浊之气开始下沉，形成了地。从此，盘古生活于天地之间，一天九次变化。在天为神仙，在地为圣人。同时，天地的变化并未停止。上天每日升高一丈，大地每天增厚一丈……

汉代许慎在《说文解字》中对地的解释有着类似的看法："地，元气初分，轻清阳为天，重浊阴为地……"许慎的意思是：天地起源之时，元气开始分离，一些轻飘透明的阳气向上升形成了天，一些沉重混浊的阴气下降形成了地。刘熙《释名》又有："地，底也，其体底下，载万物也。"刘熙的解释采用了声训，即"地"与"底"的读音相同，意义相通。

“底”和“载”的解释蕴含了天与地的空间概念，天在上，地在下。

籀文“墬”和相关字典的解释蕴含了古人对大地形成的认识。小篆“地”的构形则从另一个侧面反映了古人对地的深入理解。

对小篆“地”的构形，古人有不同的理解。《春秋·元命苞》解释为：“立字士力于一者为地”，《尔雅·释地》则解释为：“土乙力为地”。这两种解释只是对“地”字进行了简单地拆分，并未提出有价值的观点。段玉裁在《说文解字注》中评述到：“或云从土乙力。其可笑有如此者。”在古人对“地”的解释中，许慎的较为中肯。《说文解字》：“地……从土也声。”即小篆“地”为形声字，“土”为意符，“也”为声符。

篆文“地”以“土”为部首，表面上看很简单，其实颇有深意。“土”，甲骨文作“”、“”、“”等形，金文作“”、“”等形。对于“土”，古今学者从不同的角度提出了自己的看法。

徐中舒先生在《甲骨文字典》中分析到：“象土块在地面之形，为土块，为地。”徐中舒先生的解释较为客观地描述了土的形体。

也许是因为甲金文中未见“地”字，所以一些学者认为“土”就是“地”的古字。高鸿缙在《中国字例三篇》中有：“知土为地之初文者，甲文无地字，凡祭地皆曰祭土，金文无地

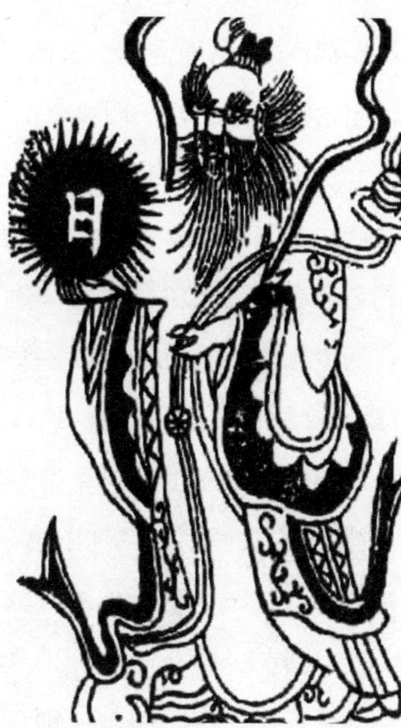

后土娘娘

引自乌丙安《中国民间神谱》，辽宁人民出版社，2007年。

字，凡称地皆曰土，古经言高天厚地则谓皇天后土……”从古音和字义的关系来看，这一观点颇有道理。

客观上讲，土与地的密切关系毋庸置疑。对于“土”字，古人寄予了深厚的情感。一方土地养一方人，土地赋予了生命，哺育了生命。《说文解字》有：“土，地之吐生物者也。二象地之下、地之中，物出形也。”林义光在《文源》（卷二）中已有类似说法：“象地，象物吐生形。土，生物者也。”《管子·形势解》亦有：“地生养万物。”

地哺育了华夏民族，华夏民族同样也没有忘记它。这不，我们的先民开始把土地奉为神灵，或堆土，或植树，或立碑供奉于它，最终形成了中国传统宗教祭祀中的“社”。《诗·大雅·绵》有：“乃立冢土。”《书·禹贡》有：“徐州厥贡惟土五色。”后人注释到：“诸侯受命，各锡以方色土，建大社于国中，一曰冢土。”冢土，即社。社，从土。很多学者认为“土”为“社”最初的形体。孙海波在《甲骨文编》中有：“象筑土成阜，社之初文。”叶玉森《殷墟书契前编集释卷一》：“是古固以土为社。”清末著名学者孙诒让在《契文举例》中也有类似的观点。社的这种宗教形式，从传世的相关文献来看，确实与土密切关系，《淮南子·齐俗训》有：“有虞氏社用土，夏后氏社用松，殷人社用石，周人社用栗。”“有虞氏社用土”与孙海波先生的观点完全契合。

社，《说文解字》：“地主也。从示、土。《春秋传》曰：‘共工之子句龙为社神。’……”土地被汉族先民所神化，成为祭祀的对象。郑玄注《礼记·曲礼下》中“祭五祀”有：“户、灶、中溜、门，行也。”其中的中溜即是社神。在民间，社神也被称为“土地公”、“老土地”、“社公”等。在人们的眼里，土地公公大多数是白发髯髯，右手拿着龙杖，左手执元宝，他既执掌土地行政，又兼理财务。

土地神
引自乌丙安《中国民间神谱》，辽宁人民出版社，2007年。

小篆“地”以“土”为部首，客观地反映了土与地的关系。同时，与“土”相关的文化也体现出汉族先民对土地的深爱和崇拜。

小篆“地”的另外一半“也”字，一般认为是声旁。不过，一些学者也认为“也”字表意。其实，在汉字中，声旁表意是很常见的事，如“仲”字，“中”既表音，又表达“中间”之义。既然表意，一些学者对“地”的声旁“也”做起了大文章。

一种解释就是，“也”表达了大地的舒展与辽阔。在汉字体系中，从“也”的字往往暗含施展、延伸的意思，例如“施”、“拖”、“迤”等。“也”之所以暗含这一意义，是因为“也”（或“它”）是“蛇”的初文（按：在古文字中，“也”与“它”同形。如果你不相信，拿代词“他”与“它”作一比较，你也许就信了，“它”是蛇的初文）。蛇形体细长，爬行中显出蜿蜒拖沓之状。“地”字以“也”为部首，故有了延伸、扩展之意，这也暗合了大地的舒展与辽阔。

“也”的另一种解释，则显得更为玄妙。《说文解字》：“也，女阴也。”从阴阳学的角度来讲，天为阳，地为阴。天为乾，地为坤。因此，一些学者这样解释“地”中的“也”字：“坤道成女，玄牝之門，爲天地根。故其字从也。”（转引自《说文解字注》）从文字学的角度来看，这一说法有些荒谬。段玉裁在《说文解字注》中认为：“其可笑有如此者”。不过，从文化学的角度来看，这一解释恰好体现出华夏民族对地的另一种认识。

当“地”字到了唐代，武则天对它进行了翻天覆地的改造，这就是“埊”字。分析“埊”字，有山、有水，有土，俨然一幅土地的大写意画。武则天的“埊”字虽然受到人们的诟病，但却展现了小篆“地”所没有体现出来的大地的真实面貌。当然，在武则天之前，人们对大地也有类似的描写，并富有神话色彩。《博物志》：“地以名山爲輔佐，石爲之骨，川爲之脈，艸木爲之毛，土爲之肉。”说到这里，我们不禁又想到了盘古开天辟地的神话：

> 首生盘古，垂死化身。气成风云，声为雷霆，左眼为日，右眼为月，四肢五体为四极五岳，血液为江河，筋脉为地里，肌肉为田土，发为星辰，皮肤为草木，齿骨为金石，精髓为珠玉，汗流为雨泽。（清代马骕的《绎史》）

历史上，“地”字几经变异。这种变异所体现出来的其实是人们对大地孜孜地探索和深厚的情感。在这一次次变异中，大地文化也得到了一次次精彩绽放。

【何来四“海”】

中国人常说：“四海之内皆兄弟”。如果要问“四海”，恐怕要难倒许多人了。

在现代人的观念里，海是指“大洋靠近陆地的部分”。翻开中华大地的版图，黄海、东海和南海紧紧地依偎在我国的东方和南方，西方和北方则或与崇山相拥，或与高原相接。我们不禁要问：何来四海？要解释“四海”，恐怕只有一个答案，即古“海”非今“海”。

甲骨文中未见“海”字。金文“海”作“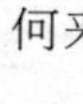”，小篆“海”作“”。可见，几千年来，“海”字并未发生太大的变化，都是由“水”和“每”组合而成，“水”表意，“每”表声，为形声字。“海”字虽未发生太大的变化，但古今人对海的认识却发生了翻天覆地的变化。

古人心中的海到底是什么呢？从相关的传世文献，我们可以得知

大海
引自王密《琼岛拾贝》，中国摄影出版社，2004 年。

一二。

许慎在《说文解字》中解释到："海，天池也，以纳百川者。""以纳百川者"可翻译为：接纳成百上千条河流的事物。你想想，这是什么？海。不过，"天池也"却令人迷惑。可以肯定的是，许慎所说的"天池"与今天"天池"不同，因为今天的"天池"指的是高山湖泊。许慎所说的"天池"又是什么呢？段玉裁在《说文解字注》中说："天池也，见庄子《逍遥游》。"即许氏所本为庄子的《逍遥游》。《庄子·内篇·逍遥游》有："北冥有鱼，其名为鲲。鲲之大，不知其几千里也。化而为鸟，其名为鹏。鹏之背，不知其几千里也。怒而飞，其翼若垂天之云。是鸟也，海运则将徙于南冥。南冥者，天池也。"

“南冥者，天池也”。“冥”又为何物？《说文解字》：“幽也”，《尔雅·释言》：“幼也”，《玉篇》：“窈也，夜也，草深也。”刘熙《释名》：“海，晦也。主承秽浊水，黑如晦也。”刘熙的解释为声训，指出了“海”的命名依据。比较起来，“冥”与“海”在幽远、晦暗之义上有相同之处。从古人的解释中，我们似乎可以这样理解：先民由于缺乏航海能力，面对茫无际涯的大海，唯有望洋兴叹而不得知其详，更不了解大海之外另有新大陆，所以便将它视为天下的尽头了。海悠远辽阔，无边无际，幽暗而晦色。对于古人而言，“海”或“冥”也只能认识到这种模糊的程度。从以上的分析，我们可以推断“南冥”就是指“南边的海”。也有学者认为，“冥”同“溟”，“溟”有海义，如王勃《滕王阁序》：“地势极而南溟深。”不管哪一种解释，“南冥”为“南海”无疑。

解释了一圈，涉及了“天池”、“冥”、“溟”等词，“海”似乎还是“海”。就像古人对海的解释一样，我们还是茫然而无所知。

许慎的第二句话“以纳百川者”，指出了“海”与“川”之间的关系，即陆地上河流都注入大海。《书·禹贡》有：“江汉朝宗于海。”同时，从许慎的这句话，我们也可以感受到海的浩大。在传世的文献中，我们常可以看到古人如此的描述。《庄子·秋水》：“北海若曰：‘……天下之水，莫大于海：万川归之，不知何时止而不盈；尾闾泄之，不知何时已而不虚；春秋不变，水旱不知……”《山海经·北次三经》：“炎帝之少女名曰女娃。女娃游于东海，溺而不返，故为精卫，常衔西山之木石，以堙于东海。”开句玩笑，几千年后，东海仍是东海，并未填成一块陆地。

幽远、浩大是古人对海的初步认知。所以，今人眼里的海在古人的眼里自然也是海。不过，在一些传世文献中，我们却可以看到“里海”、“青海”、“洱海”之类的名称，而这些海却并非现代意义上的海。可见，古人

精卫填海
引自浙江少年儿童出版社编《夸父逐日·精卫填海》，浙江少年儿童出版社，2003年。

把类似于海的大湖也称为“海”。讲到这里，我们似乎可以知道“海”的外延古今不同。

海是浩大的，“海”字的外延随着时间的推移似乎也越过了海岸。海是陆地的边境，陆地到了边上了就是海。《尚书·禹贡》：“天下分九州岛，东见于海，西被于流沙”。就是说东部能见到海了，西部被流沙覆盖。在这里，海实际上被当作了陆地的边界。东边到海就到边了，西边到流沙覆盖的地方就到边了。所以，海在古人的眼里似乎成为行政区划的一个标志。汉代刘向《说苑·辨物》：“八荒之内有四海，四海之内有九州。”关于“四海”，《书·禹贡》有“四海会同。”《尔雅·释地》：“九夷，八狄，七戎，六蛮，谓之四海。”这里的“四海”显然不是大海了，而是周边各民族。华夏先民认为自己所居的黄河流域中原一带为天下的中心，故称自己的国家为中国。而中国四周的异族则被认为处于大地周边，因为他们近于海，所以也被称为“海”。这样一来，“海”就成了“中国”的界限，进而衍生出“海内”、“海外”等一系列词语。“四海”的出现是古人对“海”认识的一大进步。直到今天，“海”仍可表示“国外”，“海棠”、“海枣”之中的“海”就暗含这样的意思。

对于“海”，华夏民族不如西方人认识得深刻。西方学者说：“中国历史上一直都是屁股对着大海，面朝北方进行争夺。”华夏民族生活在东亚的大陆上，形成了北部的游牧经济和南部的黄河以南的农耕经济。所以，农耕经济和游牧经济及其彼此之间的关系成为华夏民族历史的主题。不过，“海”在华夏民族文化中还是留下了许多印迹。有学者说，人类对海的认识有两个阶段：一、认识和利用海洋的初级阶段，主要有两点：第一点是兴渔盐之利，知道海里有鱼，知道海水可以晒盐；另外一点是行舟楫之便，海水能载船，船能载东西。二、认识和利用海洋的全球通道和商品桥梁的作用。今天，我们仍可以从汉字和考古发现了解华夏先民对海的这种认识。

一、兴渔盐之利。在《说文解字》中我们可以找到一些相关字：

珊，珊瑚，色赤，生于海，或生于山。

贝，海介虫也。

鲐，海鱼名。从鱼台声。

鳣，海大鱼也。从鱼亶声。

蠊，海虫也。长寸而白，可食。从虫兼声。读若嗛。

蜃，雉入海，化为蜃。从虫辰声。

盒，蜃属。有三，皆生于海。

蠇，蚌属。似螊，微大，出海中，今民食之。从虫万声。读若赖。

鳌，海大鳖也。从黾敖声。

盐，咸也。从卤监声。古者，宿沙初作煑海盐。凡盐之属皆从盐。

可见，汉族先民至少在汉代对海已经有了一定的了解。当然，考古发现可以把这个时间再往前推几千年。例如，在丹东东沟县马家店后洼滨海的新石器遗址上，出土了距今 6 000 年前骨鱼钩、骨鱼叉、重达两公斤的石网坠和距今 5 000 年的鲸鱼颈椎骨等。在黑山北庄遗址中，发掘了两座四五十人的合葬墓，其中一座以海螺铺身，显然是一种海洋葬俗；墓里出

出海捕鱼
引自王密《琼岛拾贝》，中国摄影出版社，2004 年。

土的彩陶描绘了大量的红花黑彩的波浪形纹，这暗示了死者与水居密切相关；在墓中，大量的贝壳和鱼骨也被发现；经科学测定，该遗址距今6 500年左右。

二、行舟楫之便。《易经·系辞下》："舟楫之利，以济不通"。传世文献中，有一些发明舟楫的传说。《易经·系辞下》有"刳木为舟，剡木为楫，以济不通，致远以利天下。"关于舟楫的发明，说法很多。《山海经·海内经》："淫梁生番禺，是始为舟。"《墨子·非儒下》："奚仲作车，巧垂作舟。"《吕氏春秋·审分览》中认为是舜的臣子虞姁（于许）。《发蒙记》中认为是舜的另一个臣子伯益。《世本·作篇》中说是黄帝的两个臣子共鼓、货狄。传说虽不可信，但曲折地说明了古人在这方面的努力。在汉字中，我们也能发现一些相关线索。《说文解字》："橃，海中大船。从木发声。"文献中也有古人乘舟于海的记录。《论语·公冶长》："道不行，乘桴浮于海。"

考古发现也能告诉我们这一点。在浙江萧山跨湖桥新石器遗址中，考古人员挖掘出了一只独木舟；经科学测定，这只木舟距今约为七千五百年到八千年。在我国浙江余姚县的河姆渡遗址中，出土了五支木桨，经科学测定，这些木桨距今约为七千年左右。在丹东东沟县马家店后洼滨海的新石器遗址中，考古人员发现了距今约六千年的仿舟陶器。在江苏武进，出土了战国时期的特大独木舟。

汉族先民在认识海，利用海的同时也留下了许多流传千古的名句，如"海不辞水，故能成其大"、"长风破浪会有时，直挂云帆济沧海"、"海上生明月，天涯共此时"、"海纳百川，有容乃大"等等。古人用诗的语言表达了对海的情感，述说着对海的认识。

古今之"海"有同有异。古人对海的认知是朦胧的，正如《释名》所

渔船
引自王密《琼岛拾贝》，中国摄影出版社，2004 年。

说："海，晦也。"如今，人们对海已经不再陌生。海已经能清晰地展现在他们的眼前。今人不仅周游四海，而且环游地球，甚至登月看海。一望无际的大海也一览无遗。

随着对海认识的深入，"海"也成为汉语词汇中的活跃分子。我们会说"人海"、"火海"，也会说"海量"、"海口"。改革开放后，又有了"下海"一词。有人说"下海"是知识分子悲壮地告别了延续人类文化的使命，走向了一个与文化无关的蛮荒领域。我想，这不正是延续了古人对海的认识吗？

〖“山” 里有乾坤〗

“白日依山尽，黄河入海流”（王之涣《登鹳雀楼》），白日、山、河、海构成了一幅绚丽多彩的图画。在这幅美丽的图画中，山给人更多的是神秘和幻想。

我国是一个多山的国家。不说一座座山，单山脉就有二十来条。全世界最高的山脉就耸立在我国的西部边陲，这就是平均海拔 6 000 米的喜马拉雅山脉，它的主峰珠穆朗玛峰海拔竟高达 8 844. 43 米，是地球上最高的地方。此外，在华夏大地上还耸立着泰山、华山、嵩山、黄山、庐山、衡山、恒山、峨眉山、武当山、雁荡山、普陀山等名山，美丽的风景和浓厚的人文气息，让人流连忘返。

在这样一个多山的国度里，如果让你去编纂一本地理书，什么将是你的重点呢？山。今人这样想，古人也是如此。《山海经》是我国上古的一

白日依山尽
引自孟洪《华山神韵》，中国摄影出版社，2006年。

本地理书。翻开这本书，我们可以看到《南山经》、《西山经》、《北山经》、《东山经》、《中山经》之类的标题。不用细看，你也应该知道这本书基本上是以山为线索描绘华夏大地。接下来让我们近距离地感受一下《山海经·南山经》中的描述吧：

……

又东三百里，曰堂庭之山，多棪木，多白猿，多水玉，多黄金。

又东三百八十里，曰猨翼之山，其中多怪兽，水多怪鱼，多白玉，多蝮虫，多怪蛇，多怪木，不可以上！

……

面对如此众多的山，华夏先民自然不会忘记为山造一个专用的汉字。我想，这个字还应该属于最早产生的一批。甲骨文“山”作“”，徐中

山
引自宁波市摄影家协会编《宁波优秀摄影作品集》，宁波出版社，2001 年。

舒在《甲骨文字典》中这样描述："象山峰并立之形。"王筠在《文字蒙求》中认为："其上峰也，其下岩穴也。""其上峰也"当然没有疑问，"其下岩穴也"则需考证了。金文"山"作""。与甲骨文比较，金文"山"采用了填实的手法。这样看来，王筠的解释就值得怀疑了。其实，甲骨文与金文同出一源，都是描绘三座连绵起伏高山。至于甲骨文"山"中的留白，是因为甲骨文采用了铭刻的手法，而不是铸造，要刻出金文的那种厚实并不现实。如果将甲骨文的这种留白理解为岩穴，那么金文的填实又该如何解释？可见，王筠的解释是不正确的。

小篆"山"字作""，形体与接近今天的"山"字。与甲骨文和金文相比，小篆"山"象形意味已经不强，出现了符号化的迹象。

有心的读者，也许会发现，不管是甲骨文、金文，还是小篆，“山”字的形体有一个共同点，即都包含三座山。为什么不是二座，也不是四座呢？以“三”为数，当因古人对“三”的钟爱。在汉字体系中，我们可以找到很多重叠三次部首而构成的汉字，如蟲、轟、犇、磊、森、淼等。词语中有“三人行，必有我师焉”、“三顾茅庐”、“三思而后行”、“三人成虎”。在古人的数量概念里，“三”似乎代表了多数。这样看来，“山”当不是指具体的某座山，而是山的泛称。事实也是如此。在《说文解字》中，“山”是一个部首，是表山的类符。从这一点来说，山由三座山构成也就不奇怪了。

有意思的在，在汉字中，“山”还有两个兄弟值得一提，这就是“丘”和“岳”。“丘”字甲骨文作“”，“岳”字甲骨文作“”。很显然，“山”、“丘”和“岳”的区别就在山的多少不同。“丘”由二座山组成，“岳”则是三座山外还有山。“山”数量的不同，表达的意思也就不同。这三个字似乎为我们展现了华夏大地多姿多彩的山地面貌。

“山”字构形简单，活脱脱的一个象形字，似乎没有太多的玄机。

什么样的地貌才称得上山，从现代地理学来说，那就是：海拔高度500米以上、相对起伏大于200米、坡度又较陡的高地，自上而下可分为山顶 山坡和山麓三部分。自然的山在科学的定义里显得如此的苍白，了然无趣。

但当自然之山出现了人类，山从此变得愈加的丰满，散发出浓厚的人文气息。在西方，古希腊众神相传都居住在神圣的奥林匹斯山上；在东方，有巫山云雨，有共工怒触不周山……

在华夏文明中，山被视为万物之源。《尚书大传》：“夫山，草木生焉，鸟兽蕃焉，财用殖焉，四方皆无私与焉，出云雨以通乎天地之间，阴阳和合，雨露之泽，万物以成，百姓以飨”。也就是，山产生了草木，产生了鸟兽，也产生了各种天象。东汉许慎在《说文解字》中记到：“山，宣也。宣气散，生万物，有石而高”。汉刘熙的《释名》：“山，产也。产万物者也。”可见，“山”滋养了中华民族。如果说“水”是我们的母亲，那么“山”则是我们的父亲。至今，汉语中仍有“靠山吃山”之说。

在华夏文明中，山也被赋予了神的力量。《山海经·大荒经》：“大荒之中，有山名曰丰沮玉门，日月所入。有灵山，巫咸、巫即、巫朌、巫彭、巫姑、巫真、巫礼、巫抵、巫谢、巫罗十巫，从此升降，百药爰在。”高耸入云的山，如入仙境，如入天堂，上接天庭，下连大地，似乎成为世人通往上天的唯一通道，也成为仙人居住之所和出入之地。“仙”字的构形似乎述说着这一切：

（转引《说文解字》）　（转引《说文解字》）

前者，音 xiān，楷书作“仚”。《说文解字》：“人在山上。从人从山”。当为今天的“仙”字。后者，音 xiān，《说文解字》：“僊，长生僊去。从人从䙴，䙴亦声”。《释名》有：“老而不死曰仙（僊）。仙（僊），迁（遷）也。迁（遷）入山也。”可见，“仙”的两个形体都与“山”密切相关。

当原始神话蜕变为宗教后，“山”的这种仙气被继承了下来。在中国传统的宗教文化中，山扮演了重要的角色。中国的佛教、道教活动场所几乎都建在山中，山成为这些宗教的载体。中国佛教圣地分别是：山西五台山、四川峨眉山、安徽九华山、浙江普陀山。这里分别供奉着文殊菩萨、普贤菩萨、地藏菩萨、观音菩萨。中国四大道教圣地分别是：湖北十堰的武当山、江西鹰潭的龙虎山、安徽黄山的齐云山、四川都江堰的青城山。中国“五岳”无一缺少寺庙，泰山上有古寺庙 22 处，恒山有悬空寺，衡

黄山

引自上海文化出版社编《回眸，文化摄影精品》，上海文化出版社，1997 年。

山有南岳庙，嵩山有少林寺，华山有西岳庙。

既然“山”可通天，又可通神，自名为“天子”的历代皇帝自然不会放过山。于是，山成为帝王祭祀的重要场所。《书·禹贡》：“奠高山大川”。在这些祭祀中，最重要的恐怕就是所谓的“封禅”。“封”即是祭天，“禅”即是祭地。汉代班固《白虎通义》有：“王者受命，易姓而起，必升封泰山。何？教告之义也。始受命之时，改制应天，天下太平，物成封禅，以告太平也。”封禅是一种表示帝王受命于天下的典礼。据传，战国时期，齐、鲁儒生为适应兼并争霸和华夏统一的形势，提出了封禅的这一祭礼。这些儒生认为泰山是世界上最高的山，世间最高的帝王就应当到这座山上去祭祀至高无上的天帝。回顾中国历史，有很多著名的封禅，这里略举三例：秦始皇统一六国，封禅泰山；汉武帝扫除边患，封禅泰山；唐玄宗开元盛世，封禅泰山。

不同于王侯将相，也不同道家仙人，文人所钟情的青山似乎更有一番情致。山常常是文人的寄情之处，也往往成为文人的安身之所。这样，在中国诗词中，“山”成为文人传情达意的重要意象。“千山鸟飞绝，万径人踪灭”（柳宗元《江雪》）；“白日依山尽，黄河入海流”（王之涣《登鹳雀楼》）；“空山不见人，但闻人语响。“（王维《鹿柴》）;”“明月出天山，苍茫云海间”（李白《关山月》）；“人闲桂花落，夜静春山空”（王维《鸟鸣涧》）。“山”也是文人向往之所。子曰：“智者乐水，仁者乐山；智者动，仁者静；智者乐，仁者寿”（《论语・雍也》）。“相看两不厌，只有敬亭山”（李白《独坐敬亭山》）；“种豆南山下，草盛豆苗稀”（陶渊明《归园田居》）。

如今，人们离山越来越远，这不仅是空间上的远离，也是思想上的远离。古人对于山的崇拜在现代人的心里渐渐淡去。“山”的文化内涵也随之慢慢地消失。当经济掺杂于“山”中，它的文化内涵也趋于低俗。更令人遗憾的是，“山”在今天竟然成为贫穷落后的象征。

“山”字，寥寥几笔，一个如此简单的汉字。但就是这样一个汉字却承载了诸多的文化，承载了中华民族文化的变迁史。难怪“山”还有这样一个形体（右图，杨守敬），起伏的山峰变成了一个“文”字，这一“文”字正是山文化的生动写照。

【“岳”——山外有山】

岱宗夫如何？齐鲁青未了。

造化钟神秀，阴阳割昏晓。

荡胸生层云，决眦入归鸟。

会当凌绝顶，一览众山小。

——唐代诗人杜甫《望岳》

短短八句凸显出岱宗的高峻。岱宗，即泰山，号称五岳之首。我们不禁要问：在华夏文化中，泰山为什么被冠以“岳”名呢？

谈岳，还得先认识“岳”字。岳，又作嶽。《说文解字》无“岳”字，有“嶽”字。对于“嶽”字，许慎解释为：“東，岱；南，靃；西，華；北，恒；中，泰室。王者之所以巡狩所至。从山獄聲。”在这里，许慎先指出“五岳”的名称，然后分析“嶽”的字形。“从山獄聲”，说明

“嶽”字为形声字。在这里，许慎并没有明确这些山成为岳的原因，不过列举了一个很重要的重文，即“”。这一重文由两部分构成，下为山，上为两座相连的山脉，较为形象地描写了“岳”的特点，可谓山外有山。其实，《说文解字》中的这一重文与甲骨文“岳”一脉相承。

五岳独尊

引自李振华，李乃杰《五岳探秘》，山东画报出版社，2007 年。

甲骨文“岳”作“”、“”等形。徐中舒在《甲骨文字典》中解释为：“象山岳层峦叠嶂之形，为岳之初文。殷人视山大川为神祇，予以隆重的祭祀。”应该说，甲骨文“岳”形象生动地表现出山岳的高峻。

有趣的是，现代简体汉字的构形与甲骨文的构形颇为相似。现代简体汉字“岳”由两部分组成，上为丘，下为山。“山”的作用不言而喻。“丘”字甲骨文作“”、“”等形，金文作“”、“”等，《说文解字》：“丘，土之高也，非人所爲也。”许慎的解释与现代汉语“丘”的意义相近，有山丘之义。可见，“岳”字的现代简体字、许慎的重文和甲骨文三者的构形颇有同工之妙，即都是在山的上方添加山，表示“山岳层峦叠嶂”之义。

从“岳”字的古今形体来看，一座山要成为岳，高峻是必不可少的。不过，高峻可不是唯一的条件。

据相关测算，泰山海拔 1 532. 7 米。事实上，中华大地上超过这一高度的山为数不少。为何唯独泰山成为岳呢？《说文解字》解释中有这样一句话“王者之所以巡狩所至”，段玉裁在《说文解字注》中注到：“以，用也。王者所用至此而巡狩也。巡狩者，巡所守也。天子適諸侯曰巡狩。”《尚书·虞书·舜典》：“岁二月，东巡守，至于岱宗，柴。望秩于山川，肆觐东后。协时月正日，同律度量衡。修五礼、五玉、三帛、二生、一死贽。如五器，卒乃复。五月南巡守，至于南岳，如岱礼。八月西巡守，至于西岳，如初。十有一月朔巡守，至于北岳，如西礼。归，格于艺祖，用特。五载一巡守，群后四朝。敷奏以言，明试以功，车服以庸。”由此可见，一个座山被尊为“岳”与天子出巡所至密切相关。

玉皇顶玉皇阁内古登封台

引自汤贵仁《泰山封禅与祭祀》，齐鲁书社，2003 年。

当然，“岳”也与古时的“封禅”密切相关。《史记集解》有这样的论述：“天高不可，于泰山上立封禅而祭之，冀近神灵也。”也就是说，古代帝王为了“报天之功”，以雄伟险峻的大山为祥瑞，在峰顶上设坛祭祀，举行封禅大典。后来，这些山往往被尊称为“岳”。

出巡也好，封禅也罢，“岳”的出现都与古时帝王密切相关，它应当是山与政治、宗教相结合的产物。《白虎通》：“嶽之爲言桷也。桷，考功德，定黜陟也。”《康熙字典》引《诗诂》：“山高而尊者嶽。”这里所谓的“功德”和“尊”正是山的社会政治性的体现。上古之时，“岳”也指掌管大山的官吏职称。尧舜时期，分掌四方外事的部落首领被称为“岳”。《尚书·虞书·舜典》有：“既月乃日，觐四岳群牧，班瑞于群后。”“岳”与“牧”对举，为官名。这里，“岳”直接成为政治符号。从某种角度来看，岳也代表了当时政治势力的范围。

可见，古人对“岳”的选拔还是很苛刻的，既要考虑山的高峻、山的地理，又要考虑山的政治、山的文化。例如，华夏先民对东、西、中三岳的确定。在高峻上，三岳在所有的高山中虽不是最高的，但它们都高耸在平原上，或者盆地之上，看上去就显得异常的高峻。《诗经》中的“泰山岩岩，鲁邦所瞻”和“嵩高维岳，骏极于天”正是时人对泰山和嵩山高峻的感知。在地理上，“三岳”都位于黄河岸边。在政治上，“三岳”所处的

嵩山少林寺山门
引自李振华，李乃杰《五岳探秘》，山东画报出版社，2007 年。

华山
引自孟洪《华山神韵》，中国摄影出版社，2006 年。

黄河是我们中华民族的摇篮，是华夏祖先最早定居的地方，也往往成为一些古代政权的政治中心。在文化上，“三岳”所处的这些地域往往具有发达文化。

当然，由于受到当时一些客观条件的限制，古人不可能全面考察天下所有名山，因此难以做到“择优录取”。随着社会文化的发展和华夏民族疆域的扩展，“岳”也往往被赐封给不同的山。

比如，不同时代有不同数量的“岳”。从传世文献来看，上古时期有“四岳”之说，即《尚书・虞书・舜典》中所提的东岳、南岳、西岳、北岳，这里没有提及中岳。清段玉裁在《说文解字注》“嶽”下注释到：“不言中岳也……《郊祀志》述《舜典》皆云：中岳，嵩高也。何氏注《公羊》则称《尧典》，而补其文曰：还至嵩。如初礼，应劭《风俗通》则曰：中岳，嵩高也，王者所居，故不巡焉……”到了《周礼》，则有五岳之说。《周礼·春官·大宗伯》:“大宗伯之职，掌建邦之天神、人鬼、地示之礼，以佐王建保邦国……以血祭祭社稷、五祀、五岳，以貍沈祭山林川泽。”这里提及“五岳”。据学者研究，“五岳”的出现是受春秋战国时期“五行”之说和“五德终始论”思想的影响。《康熙字典》引《诗诂》有:“唐虞四岳，至周始有五岳。”

上古时期，不仅“岳”的数量不定，“岳”的具体所指也很不明确。《尚书·虞书·舜典》所提及的“四岳”，只有“东岳”谈及“岱宗”(即泰山)，其余都不得而知。《周礼·春官·大宗伯》有“五岳”之说，同样没有列举“五岳”的具体山名。据现代学者的相关研究，《尚书》和《周礼》所谈及“岳”均不出晋、陕、豫三省范围，都应该在黄河流域。

其实，在历史上，“岳”所指的山也会随时代的变化而发生变化，司马迁在《史记·封禅书》中的论述可以表明这一点:“昔三代之居皆在河洛之间，故嵩高为中岳，而四岳各如其方，四渎咸在山东。至秦称帝，都咸阳，则五岳、四渎皆并在东方。自五帝以至秦，轶兴轶衰，名山大川或在诸侯，或在天子，其礼损益世殊，不可胜记。及秦并天下，令祠官所常奉天地名山大川鬼神可得而序也。”根据相关资料，“岳”主要有如下的一些变化:周代早年尊华山为中岳，周平王迁都洛邑后，嵩山被尊为中岳，华山则为西岳。到了汉武帝，五岳制度正式创立，并封天柱山为南岳。据《汉书·郊祀志》记载，汉宣帝神爵元年(公元前 61 年)颁发诏书，确定以泰山为东岳，华山为西岳，霍山(即天柱山)为南岳，恒山为北岳，嵩山为中岳。隋文帝杨坚结束南北朝分裂的局面后，并于开皇九年(公元 589 年)诏定湖南湘江之滨的衡山为南岳，废霍山为名山。金、元、明、清几个朝代建都于北京，曲阳之恒山在京城的南部，与之前所称的北岳名称不符。而恒山主峰天峰岭位于山阴的山西浑源，恰在京城之北。所以，明代称浑源恒山为北岳，但因路途遥远，祭祀仍在曲阳。到清代顺治十八年（公元 1661 年），根据礼臣的建议，正式确定浑源为北岳所在地。

“岳”本为山，因人而具有了灵性，因政治文化而增添了色彩。千百年来，皇帝在这里祭祀，僧人道士在这里修行念经，善男信女在这里烧香许愿，名人雅客喜欢在这里赋诗作画。所有的这些给“岳”留下了耀眼夺目的文化光环。俊美的风景与久远的历史使“岳”变得越发深邃而有魅力。尽管山外有山，但人们至今仍秉承一句“五岳归来不看山”。

【点“石”成金】

人猿相揖别，只几个石头磨过，小儿时节。

——毛泽东《贺新郎·咏史》

诗人用生动形象的笔调描绘了人类远古时代的“小儿时节”。在诗人的笔下，一块普通的石头竟然成为人与猿的区别标志。

在华夏大地上，山川河流，平原草地，石头随处可见。这些石头形态各异，或高耸入云，或潜藏深潭，或为连绵的山脉，或为鹅卵之石……在华夏文化中，这些石头又将为我们演绎一个个什么样的故事呢？我想，这还首先得到汉字“石”中去细细寻觅。

甲骨文已出现“石”字，作“”、“”、“”等形。金文“石”作“”，小篆“石”作“”。“石”的金文与小篆很相似，现代汉字“石”直接继承了两者的结构。从形体上看，“石”的金文、小篆和现代汉

字的结构较为清楚，都由“厂”和“口”构成。《说文解字》：“石，山石也。在厂之下；口，象形……”。《说文解字》：“厂，山石之厓巖，人可居。象形。凡厂之屬皆从厂。”可见，汉字“石”的构形中包含了山崖和石头两个意象，以石头山崖作为石头的背景。今人也有类似的看法，康殷先生在《文字源流浅析》中写道：“山崖旁采下的石块。”关于“厂”出现在“石”旁的原因，马叙论在《说文解字六书疏证》卷十八中写道：“石本作[illegible]，象形。篆变为口。嫌与口舌字即周口字相混。乃加厂以别之。”即“厂”是为把石与口、周口等相近字形相区别开来才添加于石头的旁边。

人们对金文、小篆“石”的解释客观地反映了山与石的关系。有山必有石，高峻的山峰正是以石为骨。汉代刘熙在《释名》中解释到：“山体

山石
引自孟洪《华山神韵》，中国摄影出版社，2006 年。

曰石”，前文所提的许慎《说文解字》也解释为“山石”。对于山与石的关系，一些文献的解释颇有中国传统的哲学意味。《春秋说题辞》“石，阴中之阳，阳中之阴，阴精补阳，故山含石。”杨泉的《物理论》：“土精为石，石，气之核也。气之生石，犹人筋络之生爪牙也。”

古人的解释虽有些牵强，但在言语之间却表现出古人对石的认知和理解，也从侧面体现出古人对石的重视。《说文解字》中以石为部首的字也能说明这一点：

> 礫，小石也。从石樂聲。
>
> 砻，水邊石。从石巩聲。
>
> 硞，石聲。从石告聲。
>
> 硈，石堅也。从石吉聲。
>
> 确，礊石也。从石角聲。

这些字涉及石头的大小、处所、声音、硬度、用途等。遗憾的是，今天已经很少人能认读这些汉字。能认读的“确”字，今天也极少用来表示石头的坚硬。

不认识这些字，当然与今人对石头的轻视有关。但是，这些不起眼的石头在远古时期却不可小视。难怪毛泽东会发出“人猿相揖别，只几个石头磨过，小儿时节”的感叹。在人类的历史上，有所谓的旧石器时代和新石器时代。旧石器时代距今约 250 万年一约 1 万年，那个时候的人们打制石器，以这种粗糙的石器狩猎劳作。中国周口店发现的北京人是旧石器时代的一个代表。据考证，北京人已使用石器来猎取野兽。在他们居住的山洞，考古发现了桡烧石，这显示当时的人们已掌握了以石取火的技术。距今 170 万年前，云南元谋一带，榛莽丛生，森森郁郁，是一片亚热带的草原和森林。在这里生活了一群群猿人。为了生存，元谋猿人使用石器捕猎山间的野兽。在元谋上那蚌村附近的早更新世地层中，考古人员发现了7件元谋猿人制造和使用的脉石英石核与刮削器。距今约1.8万年—约5 000多年或2 000多年的新石器时代，人们使用磨制石器。1955年，位于华县县城西南渭河支流西沙河东岸的老官台遗址，考古人员发现了石凿、骨铲和角锥等工具。位于西乡县城西1.5公里的李家村附近李家村遗址，考古人员发现了2件石器。渭南市南约16公里的河西乡北刘村西南清水河和稠水河交汇处的北刘遗址，考古人员发现了斧、锛、刀、碾盘和碾棒的等工具。

不管旧石器时代还是新石器时代，对于远古人类来说，石头是最重要的工具之一。也正是这些石头，人类开始向文明时代艰难挺进。

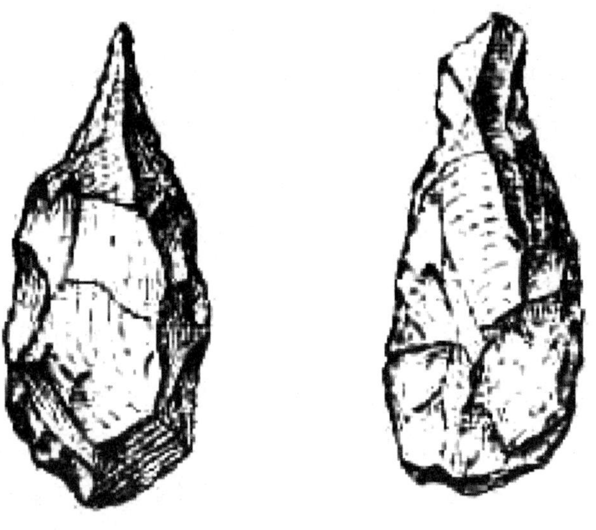

丁村考古石器（旧石器）

引自贾兰坡《丁村旧石器时代遗址在科学上的意义》，《科学》，1955年第7期。

有意思的是，随着甲骨文的出土，汉字“石”又有了新解。徐中舒在《甲骨文字典》中解释到：“石，从从口，或省口，同。疑为石刀之伪变。石刀本作形，改横书为竖书遂作形，而刀笔有将圆弧刻为折角作形。或又增从口，甲骨文口形偏旁每可表示器皿，增口形则为石器。以石器质为石，进而表示一般之石。”徐中舒先生认为汉字“石”即是石斧，石斧以石为材质，故石斧有石头之意。从人类文明史和文字的构造原理来看，这一观点是很有道理的。在华夏文明中，石头具有多重的功用。著名历史学家吕振羽先生曾说道：“当时的人们以燧石、石髓、蛋白石、玛瑙、碧玉等作原料，打制而成三角形、石叶形等形式的石镞、石钻、尖状器、刮削器、石片和石核等等。”石可以用来取火，《韩非子·五蠹》中有燧人氏“钻燧取火，以化腥臊”的记载。火的发现与利用，是

假山
引自韩先云《苏州——人间天堂》，中国旅游出版社，2001年。

华夏民族的大事。在这件大事中，石可谓功不可没。石可以作为狩猎武器，《说文解字》：“砮，石，可以爲矢鏃。从石奴聲。《夏書》曰：‘梁州貢砮丹。’《春秋國語》曰：‘肅慎氏貢楛矢石砮。’”可以作为舂，《说文解字》：“碓，舂也。”可以作为磨刀石，《说文解字》：“磏，厲石也。”可以作为研磨之器，《说文解字》：“研，礦也。”可以作为书写之物，《说文解字》：“硯，石滑也。”甚至可以作为治病工具，“砭，以石刺病也。”《战国策》有：“扁鹊怒而投其石。”可以作为建筑材料，《说文解字》：“礎，礩也。”

应该说，石首先是人类立足自然的重要工具。不过，在人类的童年时代，石又往往被神化。汉字“祏”就是一例，《说文解字》：“祏，宗廟主也。《周禮》有郊、宗、石室。一曰大夫以石爲主。从示从石，石亦聲。”

在中国的神话传说中，又有女娲炼石补天之说，《淮南子·览冥训》：

> 往古之时，四极废，九州裂，天不兼覆，地不周载，火爁（lǎn）焱而不灭，水浩洋而不息，猛兽食颛民，鸷鸟攫老弱。于是，女娲炼五色石以补苍天，断鳌足以立四极，杀黑龙以济冀州，积芦灰以止淫水。苍天补，四极正；淫水涸，冀州平……

女娲炼五色石补天
引自聂作平《中国神话传说》，天津教育出版社，2007年。

又有精卫鸟啣石填海之说，《山海经·北山经》：

> 又北二百里，曰发鸠之山，其上多柘木，有鸟焉，其状如乌，文首，

白喙，赤足，名曰：“精卫”，其鸣自詨（音同“消”）。是炎帝之少女，名曰女娃。女娃游于东海，溺而不返，故为精卫，常衔西山之木石，以堙（音同“音”）于东海。漳水出焉，东流注于河。

社会在发展，石头的功用也在发展。石头不仅可以满足人们生活生产的需求，还可以满足人们的精神需求。这里首先要提及的当是音乐之石。《说文解字》有：“磬，乐石也。从石、殸。象县虡之形。殳，击之也……”也许因为这样，一些学者认为“石”的甲骨文形体“”就是古代磬的象形。李孝定在《金文诂林读后记》卷九中分析到：“……颇疑象石磬之形，磬字作，即其确证，盖石之大小方圆无定形，制字者遂取磬形象之，亦犹骨之大小长短无定形，制字者遂取卜用胛骨象之……古文字于空阔处，多增‘口’以为填充。”从磬的古字形和石的功用，李孝定先生的分析确实有些道理。传统的“八音”说也能印证石与磬的密切关系。我国古代的乐器通常用金、石、丝、竹、匏、土、革、木八种进行制作，固有“八音”之说。《书·舜典》：“三载，四海遏密八音。”孔安国传：“八音：金、石、丝、竹、匏、土、革、木。”《周礼·春官·大师》：“皆播之以八音：金、石、土、革、丝、木、匏、竹。”郑玄注：“金，钟镈也；石，磬也；土，埙也；革，鼓鼗也；丝，琴瑟也；木，柷敔也；匏，笙也；竹，管箫也。”在“八音”的论述中，石与磬互相注释，石与磬的关系可见一斑。

满足人们精神世界的另一种石则是观赏之石。在《说文解字》中，我们可以找到一些相关字：

碭，文石也。从石昜聲。

碣，特立之石。東海有碣石山。从石曷聲。

碝，石次玉者。从石耎聲。

磬
引自庄本立《国立历史博物馆藏周磬之研究》，台湾书店，1968年。

玉石
引自王实《中国现代玉雕精品大全》，科学技术文献出版社，2002年。

碭与碣两个汉字显示了石头的两个美好特点：文与形。天然美石色彩多样，形态各异，或以文取胜，或以形动人。以文取胜的美石或深或浅，或纹或点。文采层层叠叠，交织交融，疏密有致，如有慧眼相识，再经精心打磨，则宛若一幅幅色彩斑斓的画卷：有些貌似亭台轩榭，有些犹如祥云绕山，有些酷似深思隐士。以形动人的美石，或若峰峦叠嶂，或若群物相聚，千奇百怪。这些美石可以偶得却不可强求。藏石者面对这些山石，往往依其纹理和形状而处置，将自己对石的理解融入山石的特点，使得美石的意境更加鲜明而有深意，可谓化有限为无限，进而成为人见人爱的艺术珍品。

在这些观赏之石中，值得一提的就是玉石了。玉，《说文解字》有：

> 石之美。有五德：潤澤以溫，仁之方也；䚡理自外，可以知中，義之方也；其聲舒揚，尃以遠聞，智之方也；不橈而折，勇之方也；銳廉而不技，絜之方也。象三玉之連。丨，其貫也。凡玉之屬皆从玉……

玉，本身就是一种石头，一种美丽的石头，一种怡情的石头。在《说文解字》中，以玉为偏旁的字有 140 个，远远超过从石的字。由此可见，到了汉代，玉石已经成为人们审美生活不可或缺的部分。因此，石头的价值也就一路飙升，古人有云："一城易得，一石难求"，一块小小的石头竟与城池相提并论。

谈到这里，我们不禁感叹：一颗颗平凡的石头在华夏的文明中却扮演了如此重要而多彩的角色，真可谓："花不解语还多事，石不能言最可人"。

〖“川” 为何物〗

谈到“川”，大家自然想到成语“川流不息”。今天，这一成语往往用来形容交通繁忙。不过，在古代，“川流不息”的意思可不是这样。

“川”是什么？先让我们看看历史上关于“川”的争议。比如“四川”一名的来历。明代杨慎认为：四川者，取岷江、沱江、黑水、白水四大川以为名耳；而清代顾炎武则认为：唐剑南一道，止分东西两川而已，至宋分益州路、梓州路、利州路、夔州路，谓之川陕四路，省称四川。又比如崔颢《黄鹤楼》“晴川历历汉阳树，芳草萋萋鹦鹉洲”中的“川”字，一说是水道河流，认为在江水映照下，汉阳树历历在目；一说是郊野，因为汉阳树总是长在平地或郊野上，即使在岸上，依然有“烟波江上”之感。

之所以产生这些争议，在于“川”字确实存在一些不同的意义。《敕勒川》：“敕勒川，阴山下。天似穹庐，笼盖四野，天苍苍，野茫茫，风吹草底见牛羊。”此“川”为“开阔的原野”。庄子《秋水》：“秋水时至，百川灌河。”此“川”则为“河流”。

《说文解字·川部》：“川，贯穿通流水也。”汉代许慎解释为“河流”，并用谐声字“穿”形象地描绘了“川”的形态。《管子·度地》有：“水之处于他水，沟流于大水及海者，命曰川水。”“川”早期甲骨文作“”，两旁的两道折线为岩壁耸立的两岸，中间的虚线为急湍的水流。晚期甲骨文和金文的川则

路

引自宁波市摄影家协会《宁波优秀摄影作品集》，宁波出版社，2001。

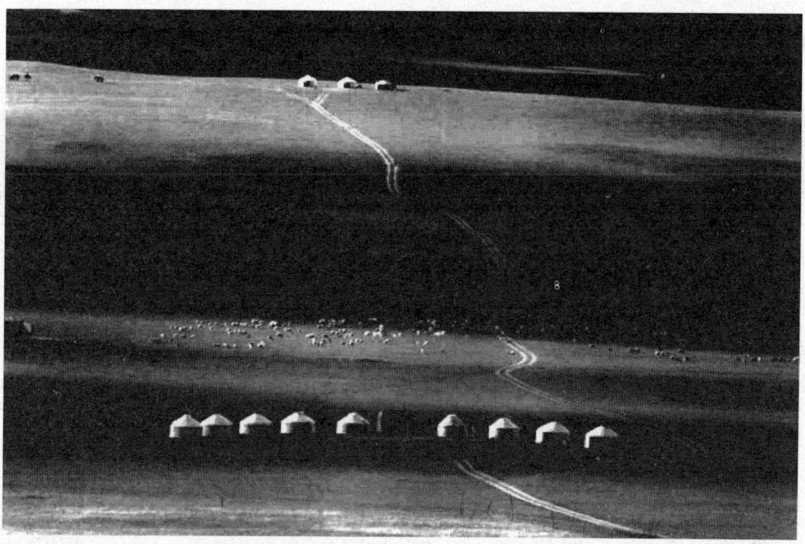

原野

引自宁波市摄影家协会《宁波优秀摄影作品集》，宁波出版社，2001。

河流

引自韩先云《苏州——人间天堂》，中国旅游出版社，2001年。

作“巛”，中间的虚线变成了实线，与今天的“川”字也就无异了。与“川”形体相近的形体还有水和州。“水”甲骨文作“[illegible]”，与“川”的形体相似而结构相反。水中间的为折线，两边为虚线。“州”古文作“[illegible]”，在川中有几个小点，为水中小洲。水和州的形体恰恰印证了川的本义“川流不息的河流”。

“川”可以作为古人远行的通道。从形态上看，“川”与“道”也颇为相似。因此，“川”也就有了“道路”之义。因平川地势较低，在山原之间，像河水在堤岸之间，所以，“川”又有了“原野”之义。随着“江”、“河”等词的推广，“川”表“河流”的职务则日渐衰弱。如今，“川”表“河流”的这一意义也只能见之于传世的固定短语。反倒是，“川”的“原野”义得到了广泛的使用。分析到这里，“川”所发生的争议也就不难理解了。

“川”的河流身份虽已褪去，但“川”留下来的文化却永远沉淀在华夏文明之中。

应该说，华夏文明源于河流，河流哺育了华夏文明。河流就像人体的血管，纵横交错于华夏大地。据相关研究，在今天的中国，仅流域面积在1 000平方公里以上的河流就有1 500多条。全国径流总量达27 000多亿立方米，相当于全球径流总量的5.8%。注入海洋的外流河流域面积约占全国陆地总面积的64%。流入内陆湖泊或消失于沙漠、盐滩之中的内流河，流域面积约占全国陆地总面积的36%。长江、黄河、黑龙江、珠江、辽河、海河、淮河等向东流入太平洋；西藏的雅鲁藏布江向东流出国境再向南注入印度洋；新疆的额尔齐斯河则向北流出国境注入北冰洋。正是这些河流孕育了中华民族的早期文明。难怪我们总是骄傲地说：“黄河是中华民族的母亲河。”其实，我们的母亲河又何止黄河。河流不仅哺育了华夏儿女，也塑造了他们的精神信仰。

在《说文解字》中，以“川”为部首的字共9个，列举如下：

> 巠（巠），水脈也。从川在一下。一，地也。壬省聲。一曰水冥巠也。
>
> 巟，水廣也。从川亡聲。《易》曰：“包巟用馮河。”
>
> 𢀛，水流也。从川或聲。
>
> 㕚，水流也。从川曰聲。
>
> 𡿪，水流𡿪𡿪也。从川，列省聲。
>
> 邕，四方有水，自邕城池者。从川从邑。
>
> 巛，害也。从一雝川。《春秋傳》曰：“川雝爲澤，凶。”

侃，刚直也。从㐰，㐰，古文信；从川，取其不舍晝夜。《論語》曰：“子路侃侃如也。”

州，水中可居曰州，周遶其旁，从重川。昔堯遭洪水，民居水中高土，或曰九州。《詩》曰：“在河之洲。”一曰州，疇也。各疇其土而生之。

如今，这些以“川”为部首的汉字基本上退出了历史舞台，更多的只是静静地留在了古老的文献之中。

当我们重新审视这些汉字，我们不禁惊叹于古人对河流的认知。在这些汉字中，有表示水流样子的“巠”，有表示河流宽广的“巟”……为什么古人对“川”有如此深刻的认知？这当源自古人对“川”的熟悉和依赖。

此时，一幅来自远古的画面隐约展现在我们的面前：一群群披发光膀的先民，一叶叶漂浮在“川”上的小舟，一张张撒开的渔网，一筐筐跳跃的鱼儿。在“川”的不远处，炊烟袅袅，几个漂亮的妇人正在屋旁晾晒着肥大的鱼片。在渔船旁边，不时有满载物品的船只顺流而过。在这些穿行的船只中，偶尔也有装饰漂亮的画舫，其中有穿着华丽服饰的男女，或饮酒，或拨弄琴弦，或凝视岸边穿行的树木。

川不仅把丰厚的食物赐予了华夏先民，也给华夏先民带来了出行的方便。

在农业社会里，川更重要的作用是为华夏先民提供充沛的水源。有川的地方，就有绿油油的庄稼，就有沃野千里。也许因为这样，华夏先民很早就喜欢依水而居，“邕”字就是很好的一个写照。“邕，四方有水，自邕城池者”。至今，在中华大地上仍保留着许多带川的地名，如银川、宜川、汉川、临川、颍川、玉川、枝川等等。这些依川而建的城池，由于发

水神祭祀（马王堆汉墓出土帛画）
引自王孝廉《岭云关雪——民族神话学论集》，学苑出版社，2002 年。

达的农业经济，往往成为历史上著名的都城。

不过，“川”也给华夏先民带来灾难和恐惧。汉字“灾”在《说文解字》中作“巛”，“害也。从一雝川。《春秋傳》曰：‘川雝爲澤，凶。’”从许慎的解释可知，“巛”像川被拦腰阻断，故积水成灾。可见，古时的河水泛滥给古人带去了多么深重的灾难。这种灾难也深深地印在先民的心里，印在华夏的文明中，印在汉字的构形中。

也许因为这样，“川”开始被华夏先民赋予神的力量。这不，庄子为我们描绘了一位望洋兴叹的“河伯”。面对这些河神，华夏先民顶礼膜拜，为他们建立寺庙，为他们举行盛大的祭祀。据考证，殷王朝建立以后，对河神的祭祀极为重视，遍建河神庙；春秋战国时，地方性的河流崇拜开始活跃起来。由于对神的敬畏，古人出行于川中，也要算上一卦。你看，《周易》就有类似的记载：“利涉大川”。涉，从水从步，即在水中行走。对于《周易》的这句话，虽然后来的学者解释得很玄妙，诸如建功业之类，但其初衷莫过于出行于大川前的占问。如此问后，则可大胆地去捕鱼，去出行……

如今，对“川”的这种迷信也渗透到了中国传统的相术中。如所谓的“川字掌”，即起端跟生命线分开，使得生命线、头脑线和感情线成了各自独立的线状。陈确《六爻相术》有：“女川事事福，男川事事难。右川代代福，左川累累金”。虽然手相不可信，但这恰恰体现了中国人对川的一

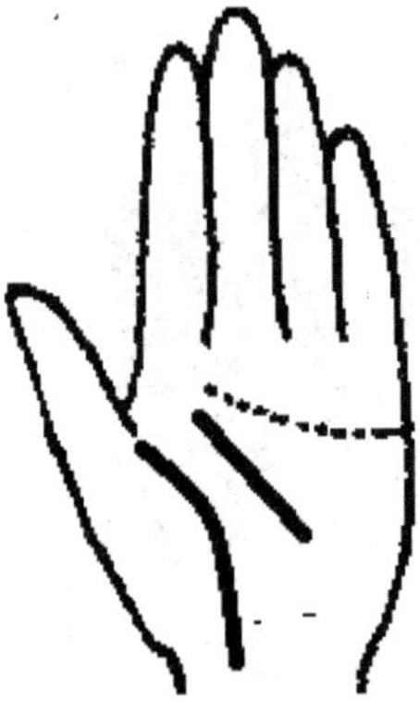

川字掌
自画。

种理解，体现了中国人的命运与“川”息息相关。

不过，在文学里，“川”却有了另一番风景。

《诗经·小雅·十月之交》有“烨烨震电，不宁不令。百川沸腾，山冢崒崩。高岸为谷，深谷为陵。”古人依“川”而居，在天翻地覆的自然灾害面前，只有深深的恐惧和无助的控诉。《诗经·小雅·天保》：“天保定尔，以莫不兴。如山如阜，如冈如陵，如川之方至，以莫不增。”在这里，古人以“川”寓意长寿。

唐代李白有诗云：“江带峨眉雪，川横三峡流”（《经乱离后天恩流夜郎忆旧游书怀赠江夏韦太守良宰》）又有“炉火照天地，红星乱紫烟，赧郎明月夜，歌曲动寒川”（《秋浦歌》）。

“川”哺育了我们，也时时警示着我们。“子在川上曰：‘逝者如斯夫’”，是呀，时间、生命就像身边的河流悄悄地流逝，一去不复返，请珍惜现在。

【“派”　别与支流】

当今社会，可谓派别林立。武林中，有少林、武当、峨眉等武林流派；文化中，有批评派、形象派、荒诞派等文化流派。社会中，有所谓的拉帮结派。派，即各种支系，是事物发展中形成的各种分支。不过，仔细观察现代汉字“派”，却很难发现其中的联系。

现代汉字“派”由“氵”和“𠂢”组成。“氵”是大家最熟悉的部首之一，教学中常称之为“三点水”。这一部首是“水”字类化的结果，即从“氵”的字皆与“水”相关。“派”既然以水为部首，自然脱不了“水”的干系。《说文解字》：“派，别水也。从水从𠂢，𠂢亦聲。”别水，即水的支流。再看传世文献，《吴都赋》有：“百川派别，归海而会。”即河流纵横，最后在大海中汇合。又有《水经注·漾水》：“虽津流派别，枝渠势县，原始要终，潜流或一。”可见，“派”原本与“水”相关。

河流分支
引自韩先云《苏州——人间天堂》，中国旅游出版社，2001年。

不过，“派”与“分支”、“支系”又有何关系？这就要到“𠂢”中寻个究竟。

𠂢，pài，《说文解字》：“水之衺流，别也。”衺，今作“邪”，有分支之意。不难发现“派”与“𠂢”同义。从文字学的角度看，“派”当为“𠂢”的后起字。换句话说，先有“𠂢”字，后由于某种原因，“𠂢”字另有他用，或废弃不用，为继续表达这一意义，不得不在“𠂢”的基础上再加“氵”，形成今字“派”。在汉字发展中，这种现象很多，如“暮”是“莫”的后起字。既然“派”为“𠂢”的后起字，那么要考察“派”，只要弄清“𠂢”，一切问题就迎刃而解了。𠂢，“水之衺流”，即“𠂢”为水流有旁支的形象。

到这里，问题似乎已经解决，其实不然，“𠂢”还有一段传奇来历。《说文解字》：“𠂢，……从反永……”“反永”，即将“永”的字形反过来书写，这就是“𠂢”了。两个字的小篆形体确实如此，小篆“永”作“”，小篆“𠂢”作“”。古人根据两者字形的关系，进一步说明了“永”与“𠂢”在意义上的联系。宋代文字学家徐锴曾这样分析：“永，長流也，反则分派也。”也就是说，“永”为长流之水，将“永”字反过来写，则表示流水出现了分支。在文字学中，这种现象被称为“反文”。所谓“反文”，即改变一个字形方向，以表示相关或相反的意义。今人证明，“反文”这种现象存在，但并不都准确。在这里，许慎等人解释所依据的是秦汉时期的小篆，而这些小篆往往已经背离了汉字的原貌。因此，这种解释大都不正确。要正确认识这些文字之间的关系，我们还得去看看更古的文字——甲骨文和金文。

“永”甲骨文作“”、“”、“”等形，金文作“”、“”等形。徐中舒先生在《甲骨文字典》中多次提到：“𠂢、永初为一字”、“甲骨文永、𠂢、派为同一字”。在这里，我们先分析“永”字。“永”古文形体各异。不过，从这些各异的形体中，我们可以抽取出以下几个意象：彳、止、人和水。“彳”读“chì”，为“行”的一半。“行”，古文字像两条路交叉出来的十字路口，故“行”有路、行走之意。因此，“彳”也

游泳
引自涂永录《简笔画技法图谱》，中国美术学院出版社，2009 年。

跟行路有关。“止”，即人的脚。如此拼合，这些字形就有了行走之意。查阅文献，这些字显然与“行走”无关。不过，如果联系上“人”和“水”，倒是可以理解为水中行进。分析到这，大家自然可以明白“永”即“泳”字。《甲骨文字典》：“永，从彳从人，人之旁有水点，会人潜行水中之意，为泳之原字，《说文》：永，长也。象水巠理之长亦不确。永字既为长义所专，遂更加水旁而作泳以表永之本义，又自永之原字字形观之，其中有偏旁彳及水点，故以象水流之别出支派，如道路之歧出也，后世为永字区别，遂反永而为𠂢……”徐中舒先生的分析可谓详细而精到。

可见，“永”与“𠂢”意义本来没有任何关系。“永”本表“游泳”，后假借为“永久”，这才与“𠂢”的意义有了某种联系。“永”与“𠂢”两个字并非同时出现，“永”字当先出。因“永”字形与“水流支系”相似，故借“永”形表“𠂢”。可见，“永”与“𠂢”本为一字并无所谓的“反文”关系。所谓的“反文”可能是汉人根据两字的意义在小篆上强生区别，造出了一个反文，而非天然。原来，“永”与“𠂢”并非一个母亲生出来的孩子，“𠂢”只是模仿了“永”的长相而已。

模仿也好，偶合也好，在造字人的心理，“𠂢”字像“水流支系”无疑。

此时，我们倒是会想，世界上“分支”的事物实在是太多了，古人何以独钟情于“水流支系”，并以此发挥。其实，原因很简单，这就是古人与水的密切关系。水是生命之源，河流是人类赖以生存的母亲。在那个遥远的时代，人们往往将身边潺潺的流水看作心目中的情人、看作心中的神……

《说文解字》以水为部首的字似乎可以说明这些。在这部字典中，以水为部首的字高达487个，占全部文字的5.2%。如此高的比例绝非偶然，这一定是古人生活环境的结果。透过这些以水为部首的字，古人心目中的水生动地展现在我们的面前：

浙，江。水東至會稽山陰爲浙江。从水折聲。

洪，洚水也。从水共聲。

洚，水不遵道。一曰下也。从水夅聲。

衍，水朝宗于海也。从水从行。

滔，水漫漫大皃。从水舀聲。

混，豐流也。从水昆聲。

渙，流散也。从水奐聲。

汪，深廣也。从水王聲。一曰汪，池也。

淀，回泉也。从水，旋省聲。

淵，回水也。从水，象形。左右，岸也。中象水皃。

汻，水厓也。从水午聲。

以上这些以水为部首的字全方位地揭示了水的不同特性和状态。古人对水的认识之精、认识之细由此可见。

泳，潛行水中也。从水永聲。

淦，水入船中也。一曰泥也。从水金聲。

汓，浮行水上也。从水从子。古或以汓爲没。

湊，水上人所會也。从水奏聲。

没，沈也。从水从叟。

浴，洒身也。从水谷聲。

以上这些从水的字则生动地再现了古人多彩的水生活。

在传世文献中，我们也可以一睹华夏众多河流的风采。比如，在《诗经》中，诸如江、淮、河、汉、沱、汝、淇、泾、渭、溱、洧、汾、汶、漆等水名已经出现。《诗经·小雅·鼓钟》："鼓钟锵锵，淮水汤汤。"在这里，"汤汤"形象地描写古时淮水的浩荡。在这些与水相关诗句中，也再现了古人的生活面貌，有劳作，如《诗经·魏风·伐檀》："坎坎伐檀兮，置之河之干兮。河水清且涟猗。不稼不穑，胡取禾三百廛兮？"也有爱情，如《诗经·国风·关雎》："关关雎鸠，在河之洲。窈窕淑女，君子好逑。"古人与水相伴，水也给人以启示。子在川上曰："逝者如斯乎，不舍昼夜。"又有老子《道德经》："上善若水。水善利万物而不争。"

水可以滋养生命，也可泯灭生灵，有着难以捉摸的性情。由此，先民对它产生了又爱又怕的感情，产生了水崇拜，进而赋予水以神的灵性，祈祷水给人们带来安宁、丰收和幸福。龙王就是这一文化的代表。在汉民族的文化中，凡有水的地方就有龙王。因此，在华夏大地上，祭祀龙王的场所随处可见，祭龙王祈雨成为中国传统的信仰习俗。

广西左江岩壁画中祭水神场面
引自陈文华《中国古代农业文明史》，江西科学技术出版社，2004年。

当古人面对纷繁的社会，他们欣喜，他们迷惑。所有的这些就像从他们身边流过的纵横交错的河流，他们不禁脱口而出：派。一个"派"字，蕴含了古人对这个多彩世界的认知和困惑。面对这些，他们又该选择哪一条河，勇敢前行呢？

【“东” 是什么东东？】

几年前，一位会说几句简单汉语的美国青年来到桂林，为零距离体验桂林山水之美，他住进景区内一家农民开的家庭旅馆。当美国青年安顿好行李后，问服务员：电话在哪里？服务员答：在房东那里。美国青年迟疑了一下，又问：请问哪里是东方？服务员用手指了指东的方向。于是美国青年走到房子东边的花园里，瞪大眼睛，寻找电话机……

这事难免令人捧腹，但是站在美国青年的角度我们也难免感到困惑，房东，是房子的东边啊，怎么就是变成房子的主人了呢？殊不知汉语的词一词多义是其基本特征，一个词的具体意义往往需要联系说话时的具体环境才能确定。如果我们再联系“东”的字形来分析其意义，我们将会看到“东”字曾经有过几次华丽转身，颇有点令人目不暇接呢。

“东”，繁体写作“東”，甲骨文写作、，金文写作，是个象形

字，像无底的口袋，里面装了东西，两端用绳子紧扎的形状。一般认为，这个字就是后来的“橐”。用橐表示东，当是音近而借用。在初民观念中，东不是一个单纯的方位词，东总是与初民崇拜的自然神联系在一起。日出东方，昼夜始分，东是太阳神大驾所在处，初民称太阳神为东君。当五行观念形成之后，东方又与五行中的木联系起来，所谓天一生水于北，地二生火于南，天三生木于东，地四生金于西，天五生土于中。所以到了秦汉时期，人们对于“东”字的出身打造了新版本的写真，《说文解字》中东的篆体写作東，后来也有篆体写作東、東，《说文》：“东，动也。官溥说：从日在木中。”《白虎通义·五行》：“东方者，阴阳气始动，万物始生……

干

引自陈学伦《摄影百技丛书 植物摄影》，上海人民美术出版社，2000年。

东方者，动方也，万物始动生也。”在这个新版本的写真中，东方天际有一棵高大的树木，太阳冉冉升起，万道霞光透过树木的枝叶洒向大地，勾画了一幅令人神往的日出图。

东是东南西北四个方位的排头兵，古人日出而作，日落而息，首先从日复一日太阳升起的地方确定了东的方位，而后才定下西方和南北的方位。今天我们把一个人找不到方向，摸不着头脑的现象，叫找不着北，对于初民来说，此情此景却是叫作找不着东。

古人的方位观念和时间观念是互为条件同时也是混同在一起的，东西南北和一年四季的春夏秋冬分别相配，东方就代表了春季，东君既指太阳神，也指司春神。《周易》里说“万物出乎震，震，东方也”。古人相信，春雷震动，万物复苏，春雷一定是从东方发出的，春风也是来自东方的，所以东风就是春风。《礼记·月令》里说：“东风解冻，蛰虫始振，鱼上冰，獭祭鱼，鸿雁来。”陶渊明的诗句有：“仲春遘时雨，始雷发东隅。众蛰各潜骇，草木纵横舒。”“始雷”就是春雷，它发自东方。李白的诗中描写东风说：“桃李待日开，荣华照当年。东风动百物，草木尽欲言。枯枝无丑叶，涸水吐清泉。大力运天地，羲和无停鞭。”今天的城市人踏春出游要去郊外，古人寻找春天的踪迹则要走向东方，所谓“袭我春服，薄言东郊”即是。根据《礼记》的记载，立春之日，天子还要亲率三公、九卿、诸侯、大夫以迎春于东郊。东风是催生万物，撒布幸福，播撒吉祥的风，同时东风也是动风，包含着速度和力量。这一观念至今还保留在我们的生活中，公路上奔驰着东风牌汽车，铁路上仍有东风牌内燃机车牵引列车驶往前方，而东风系列导弹则在不为人知的地方默默地为我们捍卫和平安乐的生活。

由于东方是日出的方向，是动方，是处于主动地位的，因此在古人的宫寝制度中就把东边的位置定为主人的位置。古代宫门内为庭，庭的北边为堂，堂设有东、西阶，东阶为主人上下堂之阶，西阶为客人上下堂之阶。进门之后在庭的东西两侧各有一条南北向小径，称为东、西堂途，直通东、西阶之前。主人接待客人时，进门揖让，然后主客分别经东、西堂途，抵东、西堂阶，拾阶而上，登到堂上，这就是合乎礼仪的登堂入室。因为这一制度，房屋主人才被简称为房东。后来“东”的这一意义泛化，凡是某类物品的拥有者都可以称为“东”。歌剧《白毛女》中的黄世仁是土地的拥有者，就是田东，杨白劳租种黄的土地，就是佃客，故杨白劳称呼黄世仁为少东家；股份公司发行股票，股票的持有者就是股东；旧时还把洋行老板称作洋东，旅店老板称作店东；几个人一起吃饭，谁出钱谁就是饭局的主人，故称为做东。

一个“东”字，写起来并不难，包含的意义却不能不让人惊叹为丰富，无怪乎那个到住到桂林农家的美国青年闹笑话了。不过，经过我们沿

日出·印象【法】莫奈

引自《世界美术家画库 莫奈》，上海人民美术出版社，1982年。

波讨源，最初的“东”不过是个盛东西的囊而已。今天的网民们操作键盘鼠标网上冲浪时，为标新立异，常把“什么东西”说成“什么东东”。如果身为网民的你，身边恰好坐着一个殷代的贞人（即占卜人），手拿烧红的圆木，口中喃喃有词，正将圆木旋转烧灼乌龟壳背面的小孔，贞人听到你说“东东”二字，就会侧过身来，随手向你丢过一个两头捆扎的囊：“东东来也。”

〖续燃文明圣火的“南”〗

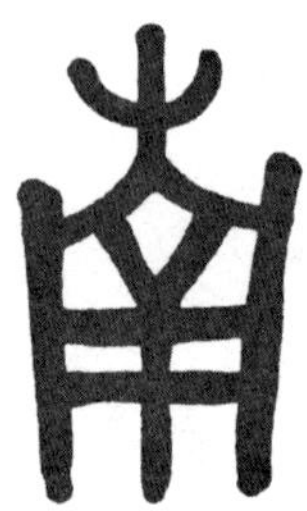

国际上有一个南南合作，也就是发展中国家之间的经济技术合作，之所以叫作南南合作，是因为世界上大多数发展中国家都处在南半球和北半球的南方，因此，在某种意义上说，南方其实就是穷国的代称。如果我们把目光收回到国内，情形则有些不同，就我国的经济地理格局而言，包括长江流域、珠江流域、东南沿海地区在内的广大的南方是我国经济、文化最发达的地区，是人们最为向往的地方，俗语有“宁往南走一千，不往北挪一砖”，用夸张手法表达了老百姓对南北差异的感受。

那么，南方从来就是这样一个广受大众争抢的香饽饽吗？实不尽然。我们不妨从头说起。

先民对于方位的认识，都要借助于太阳，东是日出之方，西是日落之方，但是南、北两个方位直接凭借太阳定位就有困难，先民只好另外寻找参照系。比如生活在我国西南横断山脉间的纳西族，因其身边大江大河都是从北向南流，纳西族的东巴文便用表示河流源头的象形字表示北，用表示河流的尾巴的象形字表示南。汉族先民主要生活在黄河中游，他们缺少纳西族先民那样的地形便利，他们找到的定位参照系是自身的文化成果。黄河中游属于暖温带大陆性季风气候，先民搭建房屋，一要遮风挡雨，二要对抗严寒，三要向阳采光和取暖，冬季冷空气都从北方来，因此先民的房屋都采取坐北朝南的走向。贵族统治者的正位就是厅堂正中面对门窗而坐的位置，面前陈设象征权力、地位和财富的编钟等钟镈类乐器。一组乐器早期通常有 3 到 5 件，到战国时发展到多达 60 多件，乐器按形制大小、音律、音高，编组悬挂，演奏时往往多人协同敲击。成组的乐器悬挂陈设在贵族厅堂中最靠南的地方，从贵族统治者的角度看，正是其前方稍稍偏左或偏右的地方。身处这种陈设格局中，贵族统治者自然而然习惯地用钟镈所在的方位指代南方，钟镈方就是南方。甲骨文的“南”写作、，是个象形字，像钟镈之形，上部为用于悬挂的钟纽，下部为用于敲击的钟体，指钟镈一类乐器是南字的本义，指代四方之一的南方则是“南”字的引申用法。

铜编钟

引自杨耀林《国家宝藏 中国国家博物馆典藏精品展图录》，文物出版社，2008。

南的命名借自乐器之名，但是久借不还，原称作“南”的乐器只得放弃了原属自己的姓名权。久而久之，张冠李戴的真相便被大家遗忘了。到了东汉许慎著《说文解字》时，他依据当时人对自然界的认识对“南”的构形做出了新的解释。汉代人认为，东西南北四方之中，南方阳气最盛，而在春夏秋冬四季之中，夏季最热，因此南的方位就是夏季的方位。根据这一观念，许慎解释“南”的小篆字形为夏季草木枝叶繁茂，承载甚多之象。枝叶繁茂，承载甚多有旺盛意，旺盛意味着超过一般，因此，南就包含了过甚之意。此后由南滋生的形声字也有过甚之意，如，喃喃自语之“喃”就是小声说了又说，含有说得过多之意；楠木之“楠”为超过一般高度的一种高大、粗壮的乔木；蝗蝻之“蝻”系指一种繁殖力旺盛的蝗虫；牛腩之“腩”，原指一种烹调方法，把姜、桂等调味料的粉末撒在肉上，反复碾压，使滋味进入肉中，包含一次甚于一次，滋味逐渐加深的意思。

今天看来，《说文解字》对“南”的解释很可能未抓住“南”字的本义，但它的释义却透露了中国古人对于南方的一些独特的观念，即南方是阳气过盛之地。华夏文明的发祥地是今天陕西省的关中平原和河南省中西部的河洛地区，先民观念中的南方大致就是现在的长江流域及其以南的广大区域，其面积在 200 万平方公里之上。秦汉以前，黄河流域的华夏先民的农耕文明已经相当发达，黄河中游河谷平原及黄河下游的冲积平原是先民理想的耕作田园。在先民看来，南方完全不是令人神往的地方，而是令人畏惧的蛮荒之地。概括来说，当时的南方，年平均气温要比黄河流域的中原地区高出许多，即使跟气候变暖的当代相比也要高，降雨量也更为丰沛，高温湿热，溽暑难忍是其气候主要特征。湿热的环境导致湖沼遍地，河流纵横，草木疯长，遮天蔽日。这又为毒虫猛兽纵横恣肆、任意滋生提供了天然乐园。在空气窒闷的原始密林里或者地形封闭的山陵谷地，腐烂的动物尸体和发酵的草木枝叶层层累积，经过高温高湿的催化，常常会蒸发出有毒的气体，天长日久，往往聚集成能夺人性命的剧毒瘴气。南方的土著居民有越人、獠人等蛮夷之人，他们人口数量少，文明程度低，在很多地方，蛮夷之人还过着披发文身，茹毛饮血的生活，并且有杀人祭祀的传统，有的还保留着吃人肉的习惯。对于习惯陆路交通的华夏先民来说，南方河汊众多，行走甚为不便；野草疯长，水涝频繁，田地极容易返荒；炎热、毒虫、烟瘴以及索人性命的野蛮人，更让人感觉南方如同鬼门关一样。《楚辞·招魂》一篇诗人呼唤魂灵归来，告诫南方不可停留时对南方的可怕有形象的描绘：

灵魂啊，你回门庭，
南方停也不能停！
蛮子额头刺花纹，
两排牙齿黑森森。
割下人肉祭祖宗，
捣碎人骨剁成粉。
遍地蝮蛇重百斤，
千里大狐真怕人。
九头雄蛇吐毒液，
来来去去快如神，

雕题黑齿，蝮蛇蓁蓁，封狐千里，雄虺九首。 清 门应兆

引自吴广平《楚辞 图文本》，岳麓书社，2006。

吃人越吃心越狠。

回来吧，回门庭，

千万不能久留停！①

在古代漫长的岁月中，尽管南方土地肥沃，物产富饶，但是200多万平方公里的南方却被人视为畏途，如果不是在中原地区陷入绝境，人们是不乐意南下谋生的。秦汉之后，经历几次大规模移民和气候变迁，南方逐渐得到开发，但是仍有大片区域依旧处于蛮荒状态。晚至唐代中期，文学家韩愈因谏迎佛骨而被流放今广东潮州，另一位文学家柳宗元因参与改革先后被贬到今湖南零陵和广西柳州，可见到那时为止，湖南南部和岭南地区仍系流徙人犯的烟瘴之地。

从先秦直至北宋之前的漫长时期，广袤的中国南方长期处于野泽荒草之中，这与黄河中下游精耕细作的平畴田园构成了鲜明对比。初看起来，这是令人惋惜的，但纵观中国古代历史，这实在是一件大幸事，幸亏有大片不毛之地作为备用家园，否则，发源于黄河流域的华夏文明有圣火难继的危险。从文明发展的规律来看，农耕文明发展到一个极致之后，都会遭遇盛极而衰的厄运：过度耕作最终必然导致地力下降，水土流失，环境恶化，而人口的成几何级数增长又向趋于瘠薄的土地要求逐年增多的产出，最终发展到土地不堪重负，社会矛盾激化。从中国近5 000年来的气候变迁史看，总的趋势是暖湿期越来越短，温暖程度一个比一个低，干冷期则越来越长，寒冷程度也一个比一个强。干冷的气候以及和因之而来的北方游牧民族的南下掠夺，对黄河流域趋于衰退的农耕文明构成了致命性打击。粮食减收、社会动荡、战乱频仍、异族横暴……天灾人祸的总爆发眨

① 引自董楚平译文，见《楚辞译注》第247页，董楚平著，上海古籍出版社1986年版。

眼间就把中原福地变为灾难的渊薮。五胡乱华、安史之乱、黄巢暴动、金人灭宋、清兵入关分别在不同历史时期向黄河流域农耕文明砍下了屠刀，最终使其奄奄一息。与此同时，南方在大多数情况下是远离战乱的，气候变冷对于南方来说并未影响到农作物的产出，一定程度的干冷还有利于农民排干沼泽，开垦新田。于是中国南北方的升降易位就发生了，先进的农耕文明倾向于从黄河流域向南方迁移，国家的经济重心也逐渐南移。东汉魏晋南北朝时期、北宋中期到元以前、明清时期分别是中国历史上三个较为显著的寒冷期，也构成了人口大规模南迁的密集时期。拥有先进生产技术、携带先进生产工具的中原移民持续南下定居，遮蔽在南方脸上的蛮荒面纱被一点点掀起了，先是太湖流域和湖北的荆襄地区得到开发，接着有四川盆地、钱塘江流域、湖广地区，随后又有江西、福建、珠江流域得到开发。唐代有了“扬一”的说法，意味紧靠长江边的扬州繁华程度天下第一，元代又有了“上有天堂，下有苏杭”的说法，福建作为理学的渊薮，在南宋时已被视与诞生孔孟的邹鲁文化上同等发达。来自中原地区的移民在耕作开发的同时，并没有放弃固有的文化传统，相反，在完全陌生的南方新环境里，他们的文化认同感和文化实践活动做到了空前强化，南方的经济开发和文化发达是同步进行的，诞生于黄河中游的华夏文明终于挺过了危难期，文明的圣火历经磨难之后终于在南方得以熊熊燃烧。

从世界范围看，中国、古埃及、古印度、古巴比伦都是依托大河兴起的农业文明古国。其他三个文明古国的文化都已经消失了，唯有中国的文化迭经磨难浴火重生，其中的关键原因在哪里呢？中国的“南”就是其他文明所不具备的关键优势。“南”，其出身就是文明的产物，并最终为华夏文明的复生做出了不可替代的贡献。

【“西” 的前世今生】

如果我们想在现实生活中寻找一个使用频率最高的表达异域文明的字，“西”可算一个不错的候选对象：正式场合我们要穿礼服，那就穿西装；朋友约会吃饭，要吃得正式一点，那就去吃西餐，要随便一点，可以去吃肯德基——这是西式快餐；饭后要轻轻松松聊聊天，可以选择喝点咖啡——这是西式饮料；下班回到家想吃东西，打开冰箱拿出点蛋糕和牛奶——这是西式点心；有点头疼发热了，去看医生，通常要看西医，吃西药。如果你要坚决避开一切西方文化元素，只选择原汁原味的汉唐文化，那笔者推荐你最好去中国西部的陕西省，特别是去该省省会西安看看。真不巧，又蹦出三个“西”来。

既然西的影子闪烁在生活的各个角落，那么，我们有必要先了解一下西在前世的面貌。

巢（姜平摄影）
引自吴家林《人与自然 中国摄影艺术精品展作品集》，云南美术出版社，2000年。

“西”，原义是“栖”，甲骨文写作、，金文写作、，字形都是一个鸟巢的样子。甲骨文、金文都有巢无鸟，小篆则在鸟巢之上加上了一个像鸟形的线条，写作，使“栖”的鸟在巢上之义更为明确。无论甲骨文、金文还是小篆，“西”字都是一个象形字。百鸟归巢栖息，一般在太阳落山之时，故“西”字又引申表示太阳落山的方向即四方之一的西方。上古“栖”“西”同音，可以说，西字的前世就是“栖”。

“西”通过“栖”借壳上市，随即广泛拓展业务，事业蒸蒸日上，赚得盆满钵满。要一下子说清“西”所经营的产品，还蛮困难，本着正人先正己的原则，首先清理一下门户内的“西”吧。周灭商后定都现在西安附近的镐京，它的大部分诸侯国都分封在镐京东面的函谷关之东现在河南、山西、山东、河北的广大区域。因此当时的政治、文化中心在西，幅员辽阔的东是纳贡臣服之地。西和东的关系，像城里和乡下的关系，像巴尔扎克笔下的巴黎和外省的关系。周公东征，战事久拖不决，出征的镐京子弟不愿久留东方乡下，赋《东山》诉怨，诗中就说“我东曰归，我心西悲”。春秋时东方诸侯国的贵族子弟要承担劳役，而京师贵族子弟则无此负担，《诗经·小雅·大东》里便唱道：“东人之子，职劳不来。西人之子，粲粲衣服”，意思是说，住在东方诸侯国的子弟忙碌劳累，却不见犒赏；住在西方的王室子弟整天优哉游哉，衣裳光鲜。这话有几分像今天互联网上所说的“学好数理化，不如有个好爸爸”。经历改朝换代后，“西人”一词不再专指住在京师的贵族子弟了，新的用法是泛指住在今天陕西、山西一带的人，这时候的“西人”当然也不专指特权阶层官二代、富二代了。到了北宋，西陲出现了一个游牧民族建立的政权夏，与北宋朝廷敌对，边境摩擦不断，其时汉语中的“西人”又指西夏敌对势力。今天在戏曲和说唱文学中还有讲述杨门女将“十二寡妇征西”的故事，故事中的“西”，指的就是西夏。到了近代，“西人”一词已很少用于称呼中国境内的自己人了，对陕西、山西人改称有几分戏谑意味的“老西”。比如，民国时期的山西军阀阎锡山，老百姓就称呼他阎老西。“老西”的称呼包含村里村气、傻里吧唧、土老帽的意味。之所以如此，盖因从西部来东部经商的山陕商人大多保留着从家乡带来的喝酸醋、吃葱蒜、穿老羊皮袄、爱听梆子戏的习惯，给人一种有钱也不会花的土包子印象。其实，东来的“老西”多是近代中国的老总、首席执行官，放在今天，一定是令人追捧的高尚人士。他们在很多城市建立了同乡会，会馆一成，立即成为当地的地标建筑，一如今天东部都市里傲岸挺立的总部大楼。可惜“老西”生不逢时，因为在近代中国，成功的标志仍是读书做官，风雅的标志仍是琴棋书画、吟诗作赋。“老西”们身穿老羊皮袄，未开口就先冲来一股葱蒜之气，让对面站的人皱眉蹙额。话说回来，放在今天，保不准还会成为“高帅富”的标志特征呢。从“粲粲衣服”的“西人”到受人讥讽的“老西”，两千年来“西”在民俗观念中的变迁不免让人产生几分沧桑之感。

中国历代疆域不同，但是都不缺少西边的邻居，因此门户之外的各个“西”，也值得总结一下。西汉时张骞通西域，拉近了中国和西域乌孙、大月氏、大宛等国的距离，当时的“西”就指西域诸国。到了南北朝和唐代，还进一步把西域各国中臣服中原汉族政权的国家称为“西服”，这个词与今天表示常规礼服西装的“西服”词形完全相同。东汉之后，佛教传入中国，对人们精神世界影响巨大，魏晋南北朝时的“西”又有特指处在中国西南方的佛教诞生地古印度天竺国，高僧从“西土”来中原弘法，玄奘去“西天”取经。当时从西方来到中国的高僧如鸠摩罗什、菩提达摩等在今天可称为标准的“西哲”。佛教教义中的“西天”说法，此后也深入人心，至今人们仍把死亡戏称为“上西天”。明朝万历年间，意大利耶稣会传教士、学者利玛窦来到中国，传播西方科学知识，开启了中西文化交流的新纪元，他生前被称为泰西人士。“泰西”是极西端之意，是较早时候中国学者对西方欧美国家的称呼。后来泰西逐渐让位于另一种称呼“西洋”，清代人称呼欧美各国的人为“西人”、“洋人”，对于欧美各国的学者则敬称为“西士”。因此，从明末开始，汉语中的“西”又改指大西洋两岸的欧美西方国家，这一用法一直持续到今天。

上面所说内容都是仅就地理层面而言。当代社会所用的“西”，在地理意义之外，还有政治文化中意识形态层面的意义，在这层意义上，“西”还指资本主义制度及其精神文化，所谓“全盘西化”就是这个用法。在这个意义上，我们的邻居日本，虽然明明处在我国东边一泓海水之外，也被我们称为西方国家。

“西”的首屈一指的出镜率，给人造成一种假象，似乎“西”和“栖”完全没有了姻缘关系。其实不然。“西”的出身决定了它首先与日落意象有着割舍不断的亲缘。“西”字是对日落时分物象的描摹，白日走到尽头，黑夜即将来临，所谓日薄西山，气息奄奄是也，这一意象天然具有象征死亡的作用，古今中外皆然。北美印第安人的治病方法是一个显著的事例：印第安人认为，生病是因为人的灵魂被鬼捉去带到西方幽冥世界了，从鬼怪手里夺回灵魂，病才能治好。治病时病人被安排躺在一所大房子里，七八名巫师如演戏一般表演捉鬼。他们手持法器唱着神曲，面向西方追踪寻找。一路走去，遇到水流湍急的大河，溜独木桥，乘渡船……最后终于来到幽冥世界的边缘。捉走灵魂的鬼怪不愿乖乖交出，于是巫师们发动一场大战，杀声震天，硝烟弥漫。及至打败鬼怪，夺回灵魂，巫师们且战且退，原路返回。快到病人身边时，一起迅即转身面向东方歌唱返魂曲，躺在地上的病人听到这个歌声倘能挣扎爬起来跳舞，在印第安人看来，病就算治好了。

中国文明成熟较早，像印第安人那样把西方作为幽冥世界方向那样明显的观念不多见。但是潜伏在诗文身处的这种情绪还是不难找到的，曹植诗中的“惊风飘白日，忽然归西山。圆景光未满，众星灿以繁”，阮籍诗中的“朝阳不再盛，白日忽西幽。去此若俯仰，如何似九秋”，李白《忆秦娥》中的“西风残照，汉家陵阙”都是这一类可供玩味的诗句。更具典型性的还可举出马致远的小令《天净沙·秋思》：

枯藤老树昏鸦，
小桥流水人家，
古道西风瘦马。
夕阳西下，

断肠人在天涯。

我们在赞叹该曲构思精巧、意境凝练的同时，不难体味到日落鸟栖的气氛与人在穷途的悲绪，这岂不是“西”的前世今生纠结难分、双双浮现的情形吗？

【“北”和“背”的宿命姻缘】

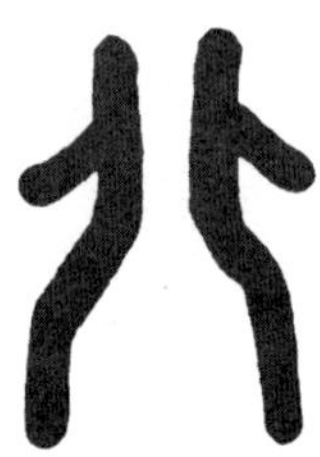

“北”，甲骨文写作或，像两个人相背而立的样子，其本义为相背、违背。两军交战时面对面战斗，如果一方军队溃败了，士兵就会转身背向胜利者，丢盔卸甲四散而逃，所以“北”字又有败、败逃之义。成语“追亡逐北”原就胜利者紧盯败逃者的背影乘胜追击，扩大战果而言。动词相背、违背、背叛和名词背部、背影，最初都用“北”字表示，后来人们为了强调“北”字意义中与人体部位背部的紧密相关性，在“北”的下部又加一“肉”旁，形成了现在的“背”字。但是表示溃败、败逃时则仍用原来的“北”字表达。此外，“北”字最常用的意义是借用为方位名词，指北方，与南方相对。这是为什么呢？仍要从先民的居住环境说起。

华夏先民主要生活在北半球暖温带，为抵御严寒和采光取暖，房屋大都坐北朝南。贵族统治者在宽敞明亮的厅堂里面对房门而坐，接见臣下，处理政务，于是就形成了古人所说的圣人向明而治的架势。贵族统治者处理政务时的常态是面南背北，于是便用背部的方向指代四方之一的北方，表相背和背部之“北”遂引申用以表北方之“北”。

“北”字的这一特殊出身，还引出了其他饶有趣味的词语，比如，贵族统治者的正位是面南背北，因此词语“南面”便指代居处君主、帝王或诸侯、卿大夫的地位。相应的，被统治者接受召见时必然面北而立，故词语“北面”便指向人称臣。向人拜师学艺也要面北郑重行礼，故拜人为师也称为“北面”。古人房屋坐北朝南，他们根据朴素的地理知识认识到，住在最南方的人正午时分太阳一定是在头顶上偏北的位置，他们的房屋取暖采光也一定是向北方开门留窗的，于是古人用词语“北向户”指代极南端的地区。

表达方位的“北”字从相背、违背和背部的字源滋生出来，此后“北”“背”各司其职，除了在败北等少数场合之外，二者是井水不犯河水的关系。但是我们若翻看中国古代史书，就会发现表达相背、违背、背叛、背信的“背”字又在中国北方史实中扮演了关键角色，凡有“北”之处，“背”之身影即挥之不去，如影随形。似乎，“北”和“背”在冥冥之中订下了挣脱不开的姻缘。要说清这一奇特现象，还需从回顾我国古代北方边境的历史背景说起。

在漫长的古代历史长河中，发祥于黄河中游的华夏文明乃至发展到近代的中华文明，其外部所面临的最具威胁的敌人，始终来自北方边境。北方大漠南北的游牧民族从战国时期开始到清中叶为止，断断续续，一直处于与华夏民族争抢生存资源的争斗状态，从匈奴到鲜卑，从突厥到契丹，从女真到回鹘，你方唱罢我登场。一方是逐水草而居的游牧文化，一方是垦荒耕种的农耕文明，双方以长城为基线，烽火不断，干戈不止。有争战

苏武牧羊图　清　黄慎
引自《黄慎书画集》（上），中国民族摄影出版社，2003年。

就有议和，议和后人们最为担心的就是背弃合约，背后下刀，一个“背”字始终令北方民众和边地将士心惊肉跳，寝食不安。有战争就需要将士们舍身奋斗，勇往直前。畏惧退缩、屈膝投敌是为人所不齿的背叛行为，也是统治者极为忌讳的罪行，一个“背”字也深深烙在将士心头，留下时时刻刻需要警醒的印痕。

围绕“背”字的历史故事俯拾皆是，试举数例。西汉武帝时，苏武出使匈奴被扣，滞留北海被逼牧羊，他餐毡饮雪，日夜持节，以表达决不背汉的信念。然而因为音讯不通，朝廷却误以为苏武已经背叛，将他全家杀头，是一个令上下都敏感的“背”字导致这一不该发生的惨剧。同时期另一位大将李凌因兵败被俘，投降匈奴，李凌之“背”引起武帝的极度愤怒，牵连所及，史学家司马迁也遭受腐刑。东汉时王昭君以汉家宗室女子身份出塞和亲，她原是光照汉宫天下无双的美女，选她做和亲使者，作为大汉天子的汉元帝原是不情愿的，但元帝不能反悔，因为他深知，一个“背”字将会惹下北方天下大乱，于是只能在心底默默品味汉宫秋的悲怨。唐初唐太宗李世民登基未稳，东突厥大军突然南下来袭，兵锋直指长安城，李世民冒险率六骑到渭水便桥，隔河斥骂东突厥背信弃义。东突厥在军事受挫和因“背”理亏的情况下被迫与唐杀马为盟，李世民则以此为戒强兵利甲，日后最终彻底消灭了反复无常的东突厥。明代蒙古瓦剌部落南侵，发生土木堡之变，明英宗被俘。大臣于谦力排众议，决策守京师，并立新皇帝即位断绝瓦剌要挟之念。瓦剌兵逼京师，于谦亲身督战，击退来犯之敌，迫使瓦剌遣使议和，使太上皇得归。然而其后这位民族英雄却被明英宗冤杀，其罪名当然也是擅立新君的“背叛”。在某种意义上，一部表现“北”的史册，就是一部“背”与对抗“背”的史册。

“背”对北方边地普通民众的生活习惯和道德观念也构成了深刻影响。北方边地原本就风烈寒酷，生存环境极端恶劣，处于民族争战拉锯下的北方边地民众，命运与铁锯下挣扎的木头没有什么差别。这一生存环境对个人品性中重信义、重允诺、团结互助、勇于担当方面提出了特别高的要求。相反，一个人的背信或不守允诺行为，有可能给家族、村寨群体招致来自自然界的或者族群敌对势力的灭顶之灾。久而久之，在北方边地民众的思想中，就形成了信义至高无上、是男人就要豪爽、敢于挺身而出等道德观念。长期的倡导熏染，最终在北方形成了尚义的民风，所谓有血性的北方男人就是对这一民风的概括说法。这种反“背”的民风体现在生活习俗中，常常是饮酒盟誓，八拜结交，为朋友两肋插刀，表现在民间文学中则是水浒、说唐等说唱故事中的好汉哥的生死结义传奇。

然而，一个人的能力毕竟是有极限的，任何情况下都要求一个人重义气、敢承担，实际上是不现实的，但是社会风气和传统观念又驱使个人风行草偃，亦步亦趋，结果在历史和现实中就出现了这样的情形：三五男子，捋袖揎拳，相聚豪饮，比着说大话，拍着胸脯许诺言。但是，酒散人去之后，信誓旦旦的允诺也随风而去，根本不去刻苦力行。这种现象应该是对北方原有的反“背”传统的一种新形式的“背”吧。

动物类

【"辰"为"蜃"】

危楼高百尺，手可摘星辰。

不敢高声语，恐惊天上人。

——李白《夜宿山寺》

在这首诗中，李白让我们感受了山寺的清幽，也为我们描绘了一幅星汉灿烂的夜空图。在感受诗歌之美的同时，"星辰"两字就像它们所代表的星星一样，引起了我们的关注。"星"字不难理解，"辰"字却带有几分神秘。

"辰"字小篆作""，与现代汉字"辰"已十分接近。对于小篆"辰"的构形，汉代许慎在《说文解字》中是这样解释的："辰，震也……从乙、匕，象芒达；厂，声也。辰，房星，天时也。从二，二，古文上字……"许慎认为"辰"字为形声字，其中"厂"表音，"乙"、"匕"为草

木生长之象，“二”理解为“上”。许慎的解释兼顾了“辰”字的两个意义：前者指向了“辰”字的“农业”义，后者指向了“辰”字的“星宿”义，可谓用心良苦。

宋代徐铉则认为：“三月阳气成，艹木生上彻于土，故从匕。厂，非声。疑亦象物之出。”不同于许慎，徐铉认为“厂”不是表音，而是表义。他的弟弟徐锴则认为：“匕音化。乙，艹木萌初出曲卷也。”即“匕”表音。虽然徐氏兄弟的解释与许慎有所不同，但都认为“辰”有草木生长之象。

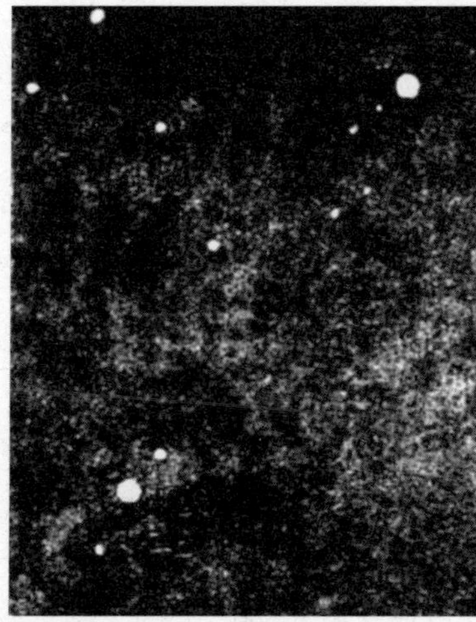

星辰
引自通俗读物出版社《日月星》，通俗读物出版社，1954 年。

赤色鸟尾蛤
引自辛华文《山海情：辛华文贝壳奇石藏品》，海潮出版社，2006 年。

许慎和徐氏两兄弟有这样的理解也在情理之中，因为这三人的解释所依据的文字都是小篆。假如这三个人能有缘看到甲骨文或金文，相信他们不会有上述的解释。

“辰”的甲骨文作“”、“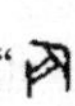”、“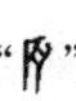”等形，金文作“”、“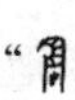”、“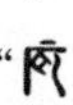”等形。“辰”的甲骨文和金文形体众多，形态各异，意象模糊。因此，学界对于甲金文“辰”字的解释

众说纷纭。

在这些解释中，最有代表的是辰为“蜃”，即“辰”为“蜃”的古字。“蜃”是什么呢？《说文解字》解释为：“雉入海，化爲蜃。从虫辰聲”。许慎的解释并没有道出“蜃”字的本来面目，倒是增添了几分神话色彩。《左传·昭公二十年》中有：“海之盐蜃，祈望守之。”杜预注：“蜃，大蛤也。”《国语·晋语九》：“雀入于海为蛤，雉入于海为蜃。”韦昭注：“小曰蛤，大曰蜃。皆介物，蚌类也”。综合古人对蜃的描述，蜃，即今人所谓的蛤蜊。下面是“辰”为“蜃”的几家说法：

徐中舒在《甲骨文字典》中认为：“商代以蜃壳为镰，即蚌镰。其制于蚌镰背部穿两孔，附绳索缚于拇指，用以掐断禾穗……甲骨文‘辰’正像缚蚌镰于指之形。”徐氏不仅指出“辰”为“蜃”，而且分析了“蜃”在古代农业中的作用。

郭沫若在《甲骨文字研究·释支干》中认为：“余以为辰实古之耕器。其作为贝壳形者，盖蜃器也……又辰与蜃在古当系一字，蜃字从虫，当后起。”郭沫若的解释与徐相似。

在古代，蜃与人们的生活关系密切。它可以作为古人的食物。《周礼·天官·鳖人》：“鳖人掌取互物，以时簎鱼、鳖、龟、蜃，凡狸物。”可见，周代官府有专职人员负责捞捕水产品，其中就包括蜃。它也可以作为古人的器皿，甚至作为古代的礼器。《周礼·地官·掌蜃》：“祭祀，共蜃器之蜃。”贾公彦疏：“祭社之器为蜃也。”《说文解字·示部》：“祳，社肉，盛以蜃，故謂之祳。天子所以亲遗同姓”。《庄子》有：“夫爱马者，以筐盛矢，以蜃盛溺。”爱马者用蜃，蜃的珍贵由此可见。

对古人而言，“蜃”最重要的用途恐怕还是作为农业生产中的工具。《淮南子·氾论训》曰：“古者剡耜而耕，摩蜃而耨。其作磬折形者，则为石器。”在这里，蜃成为古代锄草的农具。关于这一点，我们还可以从有关以辰为部首的汉字中找到线索。

农，《说文解字》：“農，耕也。从晨囟聲。”在《说文解字》中，许慎还列举“农”字另外几个古文形体，即“[illegible]”、“[illegible]”、“[illegible]”、“[illegible]”。这四个形体都包含“辰”字，不同是：前两个字形的上方为两只手，后两个形体则为两个草木。“手”蕴涵“劳作”之义，“草木”则暗示了农业生产的对象。

甲骨文“农”作“[illegible]”、“[illegible]”等形，金文的形体作“[illegible]”、“[illegible]”等形。这些“农”字的形体虽然存在一些差异，但都超不出田、草木、辰、手和足这几个意象。田、草木为劳作的对象，手足为劳动者，辰（蜃）则为劳动工具。

透过这些“农”字，我们似乎看到了一幅幅生动的远古耕作图。在这些耕作图中，“辰（蜃）”的作用清晰地展现在我们的眼前。讲到这里，我们顺便认识一下“耨”和“蓐”两个字。这两个字与“农”的读音十分相近，古文形体相同。大多数学者认为这三个字实为一字，都与除草、耕耘之类的农事相关。

除“农”字以外，还有两个以“辰”为部首的字值得一提，即“辱”和“晨”。“辱”，由“辰”和“寸”（寸，古文字中往往与手相通）构成。根据上文的分析，有用手持“辰”劳作之意。“辱”与“耻辱”之义又有什么关系呢？《说文解字》：“辱，耻也。从寸在辰下。失耕時，於封畺上戮之也。辰者，農之時也。故房星爲辰，田候也。”看了许慎的解释，我们不禁恍然大悟，原来“耻辱”竟源于“失耕时”。“晨”本表时间，又为什么以“辰”为部首呢？

《说文解字》：“晨，早昧爽也。从臼从辰。辰，時也。辰亦聲。

丮夕爲𡖍，臼辰爲晨，皆同意。凡晨之屬皆从晨。”

小篆“晨”字由两只手和辰构成，即手持辰以劳作。“晨”字的构形与“夙”字相似。“夙”字古文作“[illegible]”，从手从夕，即晚间劳作。由此看来，“早晨”之义源自早上劳作。“辱”和“晨”的构形及相关解释反映了“辰”在农业耕种中的重要作用。

知道了“辰”的本来面目，我们不禁要问“辰”与“星辰”又有何关系呢？

古时，农业与时节密切相关。《诗·小雅·鱼丽》有：“物其有矣，唯其时矣。”《孟子·公孙丑上》：“虽有智慧，不如乘势。虽有镃基，不如待时。”《孟子·梁惠王上》：“不违农时，谷不可胜食也，数罟不入洿池，鱼鳖不可胜食也，斧斤以时人山林，林木不可胜用也”。可见，古人早已意识到“时”在农业生产中的作用。而“时”又与“星象”密切相关。《尚书·尧典》有：“钦若昊天，历象日月星辰，敬授人时。”可见，日月星辰成为古人观测时节的重要标志。因此，古人当是仰观天象，以时务农。日月星辰的变化成为古人安排农业活动的重要依据。

因为日月星辰与农业的密切关系，又因为“辰”在农业中的重要地位，所以，“辰”与日月星辰等天象结缘了。胡小石在《说文古文考》中认为：“辰象人推[illegible]……耕者有侯，故星辰以此名。”郭沫若在《甲骨文字研究》中也有类似的看法：“星之名辰者，盖星象于农事，大有攸关。古人多以耕器表彰之（西方亦称北斗为‘犁星’）。故‘大火为大辰，伐为大辰，北极亦为大辰’（《左传·昭公十七年》）。更进则举凡星象，皆称为辰，辰又转为时日之通称，于是耕器之本义遂全晦。”《说文解字》：“曟，房星；爲民田時者。从晶辰聲。”晨星，即辰星，辰星与“田时”密切相关。

“辰”（蜃）本是水生的不起眼的软体动物，一朝与人类结缘，与农业结缘，摇身一变成为人类瞩目的星宿，真可谓天上人间。当“辰”散去了满身的腥味，留下的是几分文人的浪漫。这不，柳永正吟到“此去经年，应是良辰好景虚设，便纵有千种风情，更与何人说。”（柳永《雨霖铃》）

是不是好“鸟”？

笔者近日在步行街买东西时，目睹一位小伙被急速的三轮车擦了一下，小伙愤然地吼了一声：什么鸟人！小伙在这句骂词之后似乎得到了些许释然。实际上，当今的骂词不乏带鸟，如鸟事、鸟工作、鸟皇帝、菜鸟……我们不禁要问，如此可爱的小鸟什么时候竟成为骂人之词？其实，在华夏文明中，鸟曾辉煌过，也曾高雅过，甚至有着些许的神秘。

在远古时期，一只只可爱的小鸟就与华夏先民结缘。这不，殷人正用笨拙的刀具在坚硬的甲骨文上刻下了一个个“鸟”字，如“”、“”、“”、“”等形，简约而栩栩如生。商周先民的铸造工匠则在青铜上铭刻下了一个个典雅厚实的“鸟”字，如“”，如“”。即使到了小篆“”，鸟的容颜依旧。

从甲骨文到小篆，“鸟”字都是对鸟儿形体的大写意式的勾勒，借用

鸟
引自安徽少年儿童出版社《原野探险》，安徽少年儿童出版社，2002年。

一个文字学术语就是象形字。有意思的是，在汉字中，“鸟”字还有一个兄弟，即“隹”。“隹”的甲骨文形体作“”、“”、“”等形，金文作“”、“”、“”等形，小篆作“”。从“隹”的古文形体来看，与“鸟”相似，为鸟的象形。其实，对于“隹”，大家并不陌生。在现代汉字中，“隹”虽不单用，但却是一个重要的构字部件，如“雕”中的“隹”，“雎”中的“隹”等。

面对一只只鸟儿，古人为什么要同时造出两个字来记录呢？我想，其中一定有原委。接下来，我们就两个字的关系进行一番探讨。对于鸟与隹的关系，古今学者有着不同的观点。基于小篆，汉代许慎认为隹与鸟的区别在于尾巴的长短。《说文解字》：“鸟，长尾禽总名也。象形。鸟之足似匕，从匕。”“隹，鳥之短尾总名也。象形。”随着甲骨文和金文的出土，

王亥食鸟

引自王孝廉《岭云关雪——民族神话学论集》，学苑出版社，2002 年。

今人纷纷提出自己的观点。徐中舒在《甲骨文字典》中认为：“与隹字有别，但实为一字，仅为繁简之异”、“古文字从隹与从鸟实同”。孙玉文在《“鸟”“隹”同源试证》（载《语言研究》，2005（1））一文中也认为：“隹与鸟同源。”康殷先生在《文字源流浅析》中则认为：“鸟、隹之别不在尾羽，而在其中头……夸张鸟头之故，概用以表示其鸟能鸣。”康先生的观点是能鸣叫的就是鸟。根据“凤”与“擭”等字的区别，一些学者认为：“鸟更具神力，翱翔四海；‘隹’偏于平凡，被人捕食”、“鸟与隹的差异不在外形，而在于其功能。凤从鸟……”

“鸟”与“隹”的争论至今尚无定论。不过，它们无疑都是鸟。从古人造字心理和造字效能的角度上看，笔者认为两者在历史上的某个时期肯定存在着某种区别，否则没有必要为一种动物同时造出两个字。

虽然这个问题并没有结果，但从另一个角度来看，两者的出现恰恰体现出古人对鸟的熟悉和关注。关于这一点，古代流传下来的一些字典可以说明。在《说文解字》中，以鸟为部首的字共 119 个，以隹为部首的字共 39 个，两者共 158 个。在汉字体系中，这可不是一个小数目。在《尔雅·释鸟》中，古人更是提出了鸟雌雄的区分方法：“鸟之雌雄不可别者以翼，右掩左雄，左掩右雌。”

鸟之所以受到华夏先民的重视，当然与鸟在古人生活中和精神中的地位密不可分。

鸟首先是华夏先民的主要捕食对象。《山海经·大荒东经》有这样的记述：“有人曰王亥，两手操鸟，方食其头”。虽然《山海经》所记载的大都是神话，但是这些神话却可以曲折地反映出古人的真实生活。“方食其头”不正是古人以鸟为食物的生动写照。古时，国家有专门狩猎鸟的官吏，《周礼·秋官·翨氏》有：“掌攻猛鸟”，《周礼·夏官》：“射鸟氏掌射鸟”。一些汉字也能反映这一点（以下是《说文解字》中从隹的狩猎相关字）：

隻，鸟一枚也。从又持隹。持一隹曰只，二隹曰双。

雉，缴射飞鸟也。从隹弋声。

罩，覆鸟令不飞走也。从网、隹。读若到。

奪，手持隹失之也。从又从奞。

又比如甲骨文：

鑊，甲骨文作“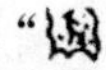”，由鬲、沸水和鸟构成，表示以鬲煮鸟。

羅，甲骨文作“”，由网和鸟构成，像网罩鸟之形。

離，甲骨文作“”，由毕和鸟构成，像鸟被“毕”一类的网罩住。

舊，甲骨文作“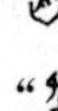”，由凵（为夹子）和鸟构成，像鸟被夹之形。

環，甲骨文作“”，由鸟和环构成，像鸟被环形索扣住之形。

以上这些古汉字为我们再现了古人捕食鸟的生动场景。在这些场景中，我们也再次感受到古人与鸟类的密切关系。

三足乌
引自王孝廉《岭云关雪——民族神话学论集》，学苑出版社，2002年。

鸟不仅是古人填饱肚子的粮食，也是古人的精神食粮。当古人看着天空中、森林里来往飞行的鸟儿，他们的思绪翩翩起舞。鸟是什么？是神灵？是天使？

在“精卫填海”的故事中，鸟成为填海的精灵：

又北二百里，曰发鸠之山，其上多柘木，有鸟焉。其状如乌，文首，白喙，赤足，名曰：“精卫”，其鸣自詨。是炎帝之少女，名曰女娃。女娃游于东海溺而不返故为精卫。常衔西山之木石，以堙于东海。漳水出焉，东流注于河。（《山海经·北山经》）

当面对炙热的太阳，古人又想到了三足乌。太阳运行于上苍，是太阳驾着鸟儿在飞，还是鸟儿住在太阳的神殿中？《书·尧典》有：“日中星鸟”，《山海经·大荒东经》有“汤谷上有扶木，一日方至，一日方出，皆载于乌”，汉代王充《论衡·说日》有：“日中有三足乌，月中有兔、蟾蜍”，《玄中记》又有：“蓬莱之东，岱舆之山，上有扶桑之树，树高万丈。树颠有天鸡，为巢于上。每夜至子时则天鸡鸣，而日中阳鸟应之；阳鸟鸣则天下之鸡皆鸣。”唐代武则天则干脆将日字写成了“囜”，“口”代表日，中间的“乙”则代表太阳中的神鸟。

在这些传说中，鸟与日结缘，或日中有鸟，或鸟载日，或鸟为日报时。在中国文化中，日具有至高无上地位。从阴阳学的角度来看，日为至阳之物，所以，“日”后来被称为“太阳”，一直使用至今。也许是由于日与鸟的这种关系，鸟粘上了“阳”的边，也成为“阳”物。

鸟在林间草丛产下了一窝窝蛋，又孵出了一只只可爱的小鸟。在古人的眼里，蛋成为生命的起源。古人想到了人类自身的繁衍生息，思考着：自己的祖先也是这样繁衍生息吗？

三足乌

引自天津人民美术出版社《清刻观音变相图》，天津人民美术出版社，2005年。

《诗经·商颂·玄鸟》有：“天命玄鸟，降而生商。宅殷土芒芒，古帝命武汤，正域彼四方……”

《史记·殷本纪》有：“殷契，母曰简狄，有娀氏之女……三人行浴，见玄鸟堕其卵，简狄取吞之，因孕生契。”

“天命玄鸟，降而生商”记述了一个十分古老的传说：古时，帝喾的次妃简狄是有戎氏的女儿，与别人外出洗澡时看到一枚鸟蛋，简狄吞下去后，怀孕生下了契，契就是商人的始祖。

可见，鸟成为先民生殖崇拜的对象。因为这种崇拜，古人甚至将自己看作鸟的同胞。这不，在民间至今仍流传着“孔雀因雷声而孕，十孕其九为鸟而一为人”。古人对一些文字的解释也体现出这一思想。

《说文解字》：“乳，人及鸟生子曰乳，兽曰产。从孚从乚。乚者，玄鸟也。《明堂月令》：'玄鸟至之日，祠于高禖，以请子。'故乳从乚。请子必以乚至之日者，乚，春分来，秋分去，开生之候鸟，帝少昊司分之官也。"

人本来是胎生，鸟是卵生。从生育方式的角度来讲，二者毫不相干，按理倒是跟一些兽相同。在这里，古人却将鸟与人联系起来。一说是因为鸟对其子的孚抱养育与人相似，故将鸟与人并言。不管其中的原因是什么，古人对鸟的厚爱是显而易见的。

今天，从考古发掘和出土的古文字，我们也可以体会到古人对鸟的崇拜之情。在已出土的先秦青铜器中，有很大一部分器物或以鸟作为纹饰，或以鸟为器形。如商代晚期有"玄鸟妇壶"。于省吾先生认为这是："研究商人图腾的唯一珍贵史料，系商代金文中所保留下来的先世玄鸟图腾的残余。"（于省吾，略论图腾崇拜与宗教起源和夏商与图腾，历史研究，1959. 10）。在甲骨文中，学者也发现了一些线索。在甲骨文中，"王亥"字样中常常加鸟形。胡厚宣先生认为这是商族以鸟为图腾之确证（胡厚宣《甲骨文所见商族鸟图腾的新证据》文物，1997. 2）。在战国文字中，有一类文字常常在笔画之间装饰以鸟形，学术界称之为"鸟虫文"。郭沫若曾论述到："凡图形文字之作鸟兽虫鱼之形者，必系古代氏族之图腾或其孑遗。其非鸟兽虫鱼之形者，乃图腾之转变，盖已有相当之文化而脱去原畛域者之族徽也。"（《殷彝中图形文字之解》，载《殷周青铜器铭文研究》，科学出版社，1961）古人以鸟装饰器物，甚至装饰文字，显然源自对鸟的崇拜，源自对生殖的崇拜。

玄鸟妇壶
引自于省吾《略论图腾崇拜与宗教起源和夏商与图腾》，载《历史研究》，1959年第10期。

鸟虫文
引自裘锡圭《文字学概要》，商务印书馆，1988年。

随着社会的发展，华夏民族对鸟的自然喜爱似乎胜过了对鸟的这种神秘崇拜。人们开始与小鸟为伴，或圈之笼，以之相戏，或与之处于自然之中，感受鸟的美丽，聆听鸟的清脆。鸟也成为文人诗词中的重要意象。《古诗十九首》的《行行重行行》有："胡马依北风，越鸟巢南枝。"唐代王维有《鸟鸣涧》："月出惊山鸟，时鸣春涧中。"唐代岑参《寄左省杜拾遗》有："白发悲花落，青云羡鸟飞。"鸟成为文人心中的雅致之物。

不过，在民间，在华夏民族的潜意识里，鸟的生殖崇拜并没有褪去。正如前文所提，鸟具有强大的繁殖力，在中国的阴阳学中又被归为"阳"物，人们自然联想到人的生殖。鸟的样子看上去又像男性的生殖器。这样，"鸟"自然成为男性生殖器的俗称。今天，一些地方仍以"小鸡鸡"称男性生殖器。在华夏文明的初期，这也许是值得大书特书的事。然而，随着时代的变迁，人们却开始以此为耻，鸟转而成为人们骂人的"粗话"。

【年年有“鱼”】

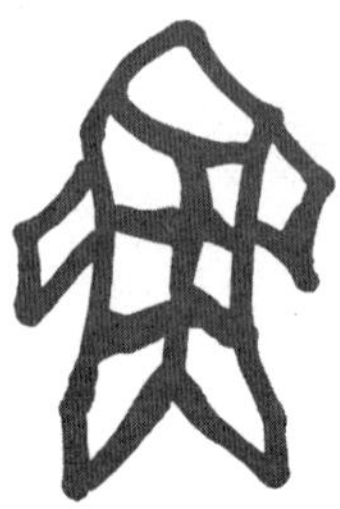

孟子曰：“鱼，我所欲也，熊掌，亦我所欲也；二者不可得兼，舍鱼而取熊掌者也。生，亦我所欲也，义，亦我所欲也；二者不可得兼，舍生而取义者也。”今人所不起眼的“鱼”，在孟子的言语中却与“熊掌”、“生”、“义”这些稀罕之物相提并论，可见“鱼”在华夏文明中的地位。

鱼
引自王小彬《彩色图解动物百科》，黑龙江科学技术出版社，2007年。

在文章展开之前，让我们来认识一下“鱼”字吧！

早在3 000年前，我们的先民就在甲骨上和青铜器上留下了一个个栩栩如生的“鱼”字，这就是甲骨文“”和金文“”。这些“鱼”字笔

画婉转，描写细腻，俨然一幅幅图画。到了周代晚期，“鱼”字的头部及鳍就开始简化。到了春秋战国时期，“鱼”字上的鳞片逐渐消失，尾鳍变成了火字（如金文“”）。到了小篆（作“”），“鱼”字上的背鳍及腹鳍完全消失了。到了现代简化汉字，鱼的尾巴不知怎么也掉了下来，形成了一条长长的横线。从甲骨文一直到今天，“鱼”字延续几千年，可谓历尽风雨。

“鱼”字的形体并不难理解，在这里也就不啰嗦了。不过，华夏民族对鱼的理解以及对鱼倾注的情感则值得我们去细细品味。

站在现代生物学的角度，今人把“鱼”定义为：

> 鱼是一种水生的冷血脊椎动物，用鳃呼吸，具有颚和鳍。现存鱼类可分为两个主要族群：软骨鱼类（如鲨鱼等）和硬骨鱼类（线状鳍和波状鳍的鱼类）。

接下来让我们看看古人对鱼的理解。古人固然不会像今人一样给鱼下一个准确的定义，但他们对鱼的理解却零星地散落在传世字典或文献中。

汉代《尔雅》是今天能看到的最早词典。在这部词典中，我们可以看到古人对事物的分类：

> “释诂”、“释言”、“释训”、“释亲”、“释宫”、“释器”、“释乐”、“释天”、“释地”、“释丘”、“释山”、“释水”、“释草”、“释木”、“释虫”、“释鱼”、“释鸟”、“释兽”、“释畜”

可见，我们的祖先将动物分为虫、鱼、鸟和兽四类（按：释畜为蓄养的动物）。翻开《尔雅·释鱼》一节，你会发现古人所理解的鱼包括今天的鱼类、两栖类、爬行类、鲸、虾、蟹、贝等。稍晚的汉代许慎在《说文解字》中也有类似的看法：“鱼，水虫也。象形。鱼尾与燕尾相似。”可见，在古人的眼里，鱼包含了生活在水中的所有动物。因此，古人把鲸、海豹、大鲵、乌贼等动物与鱼类混为一谈也就不足为奇了。查阅《说文解字》中以鱼为部首的字，我们也能发现这一点：

鲵，刺鱼也。从鱼儿声。

鰕，魵也。从鱼叚声。

魧，大贝也。一曰鱼膏。从鱼亢声。读若冈。

鲄，蚌也。从鱼丙声。

除了古人的字书，在文献的注释中，我们也能发现古人对鱼的理解。《易·中孚》："豚鱼吉。"王弼注："鱼者，虫之隐者也。"《仪礼·有司彻》："鱼匕。"郑玄注："鱼无足翼。"王弼和郑玄的注虽算不上科学，但也反映了鱼的一些特点。

透过古人留下的关于鱼的文字，我们可以感受到他们对鱼的一种特殊的情感。

汉字中存在大量的以鱼为部首的汉字。据统计，《说文解字》以"鱼"为部首的汉字有 106 个，《康熙字典》有 632 字，而到了现在可用计算机"国标码全字库"使用的鱼字旁字共收录了 1 075 个字。这些从"鱼"的字或表鱼的种类，或表鱼的体貌，或表鱼的属性。如（以《说文解字》为例）：

鳟，赤目鱼。

鲕，鱼子也。

鲠，鱼骨也。

鮏，鱼臭也。

鮨，鱼賠酱也。出蜀中。

鱻，新鱼精也。从三鱼。不变鱼。

这些以鱼为部首的汉字折射出古人对鱼的深刻认识，也暗示了鱼在古人生活中的重要地位。

翻开中国的考古资料，华夏民族与鱼的密切关系也清楚地展现在我们的面前。在旧石器时代晚期的山顶洞人遗址上，考古人员发现了草鱼眼上骨。从这根骨头来看，这条鱼的长度当不下 80 厘米。要捕到这样的大鱼，没有一定的捕鱼技术和工具是很难办到的。在新石器时代半坡遗址上，出土了网坠、鱼钩和鱼叉等捕鱼工具。同时，这里也出土了人面鱼纹彩陶盆（下图）。从这一图案来看，这已经不是单纯的一种描摹，而是一种具有艺术文化的图腾。无独有偶，在仰韶遗址出土的陶器上，我们也可以发现古朴淡雅的鱼纹。从目前出土文物来看，汉族先民已经创造了富有特点的单体鱼纹和双体鱼纹等图案。可以说，这些原始的鱼符号渗透了古人对鱼的深厚情感，也含蓄地再现了古人古朴的渔猎生活。

彩陶人面鱼纹

引自王孝廉《岭云关雪——民族神话学论集》，学苑出版社，2002 年。

鲤鱼跳龙门
引自聂作平《中国神话传说》，天津教育出版社，2007 年。

考古如此，传世文献中有关鱼的记载也随处可见。《诗经》是我国最早的一部诗歌总集。在这部诗集里，鱮、鳟、鲨、鳣、鳢、鲦、鲿、鲂、鲤、鳏、鲜等文字像一颗颗闪亮的星星点缀其中。你瞧，《诗经·国风·六月》有“饮御诸友，炰鳖脍鲤”；《诗经·豳风·九罭》有“九罭之鱼，鳟，鲂。我觏之子，衮衣绣裳”；《诗经·小雅·鱼藻》：“鱼在在藻，有莘其尾。”在《山海经》中，古人为我们描绘了一条条神奇可爱的怪鱼。《山海经·南山经》：“……其状鱼身而蛇尾，其音如鸳鸯，食者不肿，可以已痔……。”虽说这些鱼大都不可信，但却曲折地反映了古人对鱼的深厚情感。

应该说，在渔猎生活中，在农业文明中，汉族先民创造了灿烂的鱼文化。鱼在水中自由自在，给人以“活络”之感。以至于今日，民间仍流传着多吃鱼“聪明灵活”的饮食观念。鱼儿怀卵量大，繁殖率高。因此，鱼

连连有鱼
引自刘洪川《木版年画收藏藏版集》，西泠印社出版社，2007年。

也成为“多子多福”的吉祥符号。这不，《诗经·陈风·衡门》有：“岂其食鱼，必河之魴。岂其娶妻，必齐之妻。岂其食鱼，必河之鲤。岂其娶妻，必宋之子。”诗中以黄河的魴、鲤喻宋、齐两地的女子，将食鱼与娶妻相联系。这一观念在该诗中得到了淋漓尽致地体现。“鱼”与“余”同音，“吉庆有余”“年年有余”也就成了“吉庆有鱼”，“年年有鱼”。因此，鱼也成为汉民族过年时的一道必不可少的菜。应该说，鱼在华夏文化里成为吉祥的符号，并且具有很悠久的历史。据郭若愚的《古代吉祥钱图像赏析》，西汉“五铢”钱中就有背上下左右四鱼纹钱，新莽时铸有“货泉”，“泉”字作鱼形。在华夏文化里，鱼也成为传递感情的信使。《饮马长城窟行》有：“客从远方来，遗我双鲤鱼，呼儿烹鲤鱼，中有尺素书。”《西厢记》中有这样的一段唱：[二煞]：“你休忧‘文齐福不齐’，我只怕你‘停妻再娶妻’。休要‘一春鱼雁无消息’！我这里青鸾有信频须寄，你却休‘金榜无名誓不归’。”

在普通人的眼里，鱼是实在的，而在文人雅士的心里，鱼则有了另一番境界。“白发渔樵江渚上，惯看秋月春风。一壶浊酒喜相逢，古今多少

姜太公钓鱼
引自唐子恒、时永芬、徐磊《中国神话传说》，山东文艺出版社，2007 年。

事，都付笑谈中。”貌似渔樵，却是看透世态、冷眼红尘、闲时自然的隐士。“吾与子渔樵于江渚上，侣鱼虾而友麋鹿。哀吾生之须臾，羡长江之无穷。”虽有人生苦短的感慨，却也有几分潇洒自在。“千山鸟飞绝，万径人踪灭。孤舟蓑笠翁，独钓寒江雪。”好一个高洁、不随流俗的渔翁形象。文人雅士之所以移情于鱼，似乎原因在于庄子的一句话：“修鱼出游从容，是鱼之乐也。”（《庄子·秋水》）

【无所不在的“虫”】

近阅《水浒传》，其中有“近因景阳冈大虫伤人，但有过往客商可於巳午未三个时辰结伙成队过冈，请勿自误。”又有“只听得乱树背后扑地一声响，跳出一只吊睛白额大虫来”。了解《水浒传》的人都能理解这里的“大虫”指的是老虎。老虎为什么可以称为“大虫”呢？问起来，可能没有几个人能解释清楚。

老虎被称作“大虫”，最早见于晋代干宝的《搜神记》，“扶南王范寻养虎于山，有犯罪者，投于虎，不噬，乃宥之；故山名大虫。”不过，这段文字并没有解释清楚虎被叫作大虫的原因。

要解决这个问题，我们先得了解古人心目中的“虫”。

在汉字中，“虫”与“蟲”、“它”、“蛇”、“也”、“蚰”等字的关系密切。

武松打虎
引自精微工作室《武松打虎》，浙江少年儿童出版社，2003年。

首先说“虫”字。“虫”与“蟲”并非简单的繁简关系。汉字简化前，两个字都存在，但读音和意义并不相同。关于“虫”的读音，《康熙字典》有：“音卉”，《文字蒙求》：“音虺”，今天读起来应该为“huǐ”。甲骨文“虫”作“”、“”、“”等形，金文“虫”作“”、“”、“”、“”等形。甲骨文和金文“虫”的形体像一条略微弯曲的蛇。汉代许慎在《说文解字》中解释到：“虫，一名蝮，博三寸，首大如擘指。象其臥形。物之微細，或行，或毛，或蠃，或介，或鱗，以虫爲象。”又《说文解字》“蝮，虫也。”“虫”和“蝮”互相解释。蝮是一种蛇，可见“虫”也是一种蛇。

再说“蛇”与“它”。清代段玉裁在《说文解字注》中有这样的解释：“……而許所云象其臥，象其冤曲𡳿尾者，必無足之它，而非四足之它也。無足爲它之常形。故其臥曰虫，舒之曰它。……”。段玉裁所说的

蛇
引自王小彬《彩色图解动物百科》，黑龙江科学技术出版社，2007 年。

“它”即是“蛇”。“它”的小篆为“”，与“虫”的小篆形体很相似。学者考证，两者当为同一物。在《说文解字》中，“它”还有一个或体“”，从虫从它，即今之“蛇”字。

可见，“虫”、“它”和“蛇”为同一物。

这里顺便提一下“也”字。也，小篆作“”，《说文解字》：“女陰也。象形”。学者普遍不赞同许慎的观点。从形体来看，“也”与“它”的古形体形似。从读音来看，两者相近。关于它们读音之间的关系，我们可以从第三人称“它”和“他”中看出一二。第三人称“他”是从人也声的一个字，也就是说“也”是他的声符。可见，“也”与“它”的读音应该相同。从上面的分析来看，“它”与“也”同源，后来由于某些原因才分化为两个字。

“蟲”，音“chóng”，即今所常用的“虫”字。《说文解字》：“有足謂之蟲，無足謂之豸。从三虫。凡蟲之屬皆从蟲。直弓切”。段玉裁《说文解字注》：“……蟲者，蝡動之緫名……从三虫。人三爲眾。虫三爲蟲。蟲犹眾也。……。”从许慎和段玉裁的解释来看，“蟲”应该是虫类的总名，而非指某一虫。在汉字中，类似结构的字还很多，如“森”、“磊”、“犇”等。这类结构的字往往表示总名或者暗含“多”意。

“䖵”，音 kūn，《说文解字》：“蟲之緫名也。从二虫。凡䖵之屬皆从䖵。讀若昆。”《说文解字注》：“……而虫可讀爲蟲。蟲之緫名偁䖵。凡經傳言昆蟲，即䖵蟲也。……从二虫。二虫爲䖵。三虫爲蟲。䖵之言昆也。蟲之言衆也”。可见，“䖵”也是一个表总名的字，今天写作“昆”。

由上面的分析可知，“虫”、“它”、“也”、“蛇”为同一字的分化。“虫”本指一种“蛇”，而“䖵”和“蟲”则为昆虫（按：此昆虫并非今昆虫的范畴）的总称。“䖵”即昆虫之“昆”。“蟲”与“虫”往往相通，《韻會》：“蟲”俗作虫。前文段玉裁也认为“虫可讀爲蟲”。所以，“虫”、“䖵”、“蟲”三者的意义也是相通的。

据统计，《说文解字》中以“虫”为部首的字有 160 个。只要稍微比较，就可以知道这些所谓的“虫”或相关字并不是现代意义上的昆虫，其涉及范围远超现代意义上的虫，现举例如下：

> 螣，神蛇也。从虫朕聲。
>
> 螼，螾也。从虫堇聲。
>
> 蛕，腹中長蟲也。从虫有聲。
>
> 蜼，似蜥蜴而大。从虫唯聲。
>
> 螟，蟲食穀葉者。吏冥冥犯法卽生螟。从虫从冥，冥亦聲。
>
> 蟫，白魚也。从虫覃聲。
>
> 蜀，葵中蠶也。从虫，上目象蜀頭形，中象其身蜎蜎。《詩》曰：“蜎蜎者蜀。”
>
> 蠃，蜾蠃也。从虫𣎆聲。一曰虒蝓。

蛟，龍之屬也。

蜃，雉入海，化爲蜃。从虫辰聲。

蝦，蝦蟆也。从虫叚聲。

蠵，大龜也。以胃鳴者。从虫巂聲。

蛫，蟹也。从虫危聲。

蟨，鼠也。

蟋，蟋蟀也。从虫悉聲。

从以上列举的字来看，“虫”真可谓无所不包。以下是现代意义上的虫：

虫是动物界中无脊椎动物的节肢动物门昆虫纲的动物，所有生物中种类及数量最多的一群，是世界上最繁盛的动物，已发现一百多万种。其基本特点是体躯三段头、胸、腹，两对翅膀三对足；一对触角头上生，骨骼包在体外部；一生形态多变化，遍布全球。

古今之“虫”显然不同。《大戴礼记》：“有羽之蟲三百六十，而鳳凰爲之長。有毛之蟲三百六十，而麒麟爲之長。有甲之蟲三百六十，而神龜爲之長。有鱗之蟲三百六十，而蛟龍爲之長。有倮之蟲三百六十，而聖人爲之長。”可见，古人将所有的动物分作毛虫、羽虫、倮虫、介虫、鳞虫这五类，“虫”成为动物总称。古人又按金文水火土对虫进行划分，属木的叫毛虫，属火的叫羽虫，属土的叫裸虫，属金的叫介虫，属水的叫鳞虫。虫的这种分类方

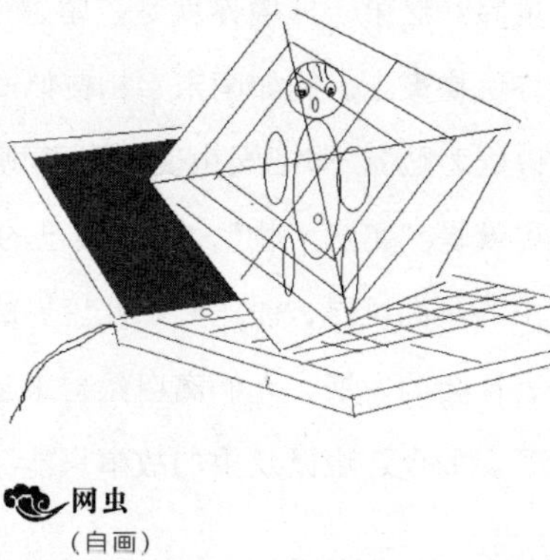

网虫
（自画）

法一直延续到清代。

谈到这里，古人将老虎说成“大虫”就不足为奇了。事实上，一些方言直到今天仍保留了类似的说法。例如，吴越一带至今仍称老鼠为老虫。有意思的是，现代人不知道是有意还是无意，竟然也称某些人为“书虫”、“网虫”。

在现代人的眼里，虫也许很不起眼，甚至有些不悦。但是，在中国文化中，这些虫却与汉民族息息相关。

比如，虫可以成为我们的姓氏。据统计，中国姓氏见于文献者有5 600多个，以虫为部首的姓高达 46 个，包括单姓 35 个，复姓 11 个，如虫、蝉、蚕、蛾、蝈、蚁、蜚、茧、蜜等。

虫也是食品的重要来源。据《周礼》，当时已有昆虫食品蚁子酱，而且有很高的身价，只有上层人物才可以吃到，或祭祀时才可以使用。

虫也是中国丝绸的生产者。据相关考证，中国的养蚕业开始于 5 000 多年以前。在殷墟甲骨文中，蚕、丝等象形文字已经出现。

虫也成为人们茶余饭后的休闲娱乐。这就不得不要提到中国的三大鸣虫，即蟋蟀、油葫芦和蝈蝈。古人玩虫，并且还能玩出境界。这就是所谓的三种境界。这第一种境界就是“留意于物”，即过分沉迷于自己所好之物，最终玩物丧志。例如南宋宰相贾似道因玩虫竟然误了国；第二种境界就是“以娱为赌”，即把娱虫变成了赌博。至今，社会上也不乏其例。第三种境界就是“寓意于物”，即把自己的情感移植于物，借物抒情。这应该是玩虫的最高境界，能达到如此境界的人通常是文人雅士。

随着社会的发展，人们离自然越来越远，本来就不起眼的虫就显得更不起眼了。如今，虫以及虫的故事只能深藏在故纸堆里了。

【中原之 “象”】

说到象，脑海自然会浮现出一个长鼻子大耳朵，腿似柱子，身似一堵墙的庞然大物。从生物学上讲，大象，长鼻目，象科，是现存世界最大的陆栖动物。成年象肩高约二米，体重三到七吨，四肢粗大如圆柱，支持巨大身体，膝关节不能自由屈曲。要问亚洲哪些地方产象，大家自然会想到印度、泰国、柬埔寨、越南等国。至于国内，你自然会想到云南省西双版纳地区。在中国，自古以来就只有这些地方才产象吗？古代的中原地区有没有象呢？

汉字“象”似乎可以给我们一些线索。

与其他汉字比较，“象”字可谓历史悠久。早在甲骨文时代，它就频频现身。甲骨文“象”字作“”，金文作“”。值得注意的是，甲骨文和金文中的“象”字均采用象形的手法，描绘了象长长的鼻子，凸显了象

亚洲象
引自王小彬《彩色图解动物百科》，黑龙江科学技术出版社，2007年。

独有的外在特征。应该说，“象”字的悠久历史及其构形手法从一个侧面反映出象在华夏文化中的特殊地位。

在古汉字中，动物的表示方法一般有这样几种：象形、假借和形声。例如犬，甲骨文作“[甲骨文]”，为象形字。凤，甲骨文作“[甲骨文]”，从凤，另加凡声，为形声字。狮，早期写作“师”，为假借字。从文字发展角度来看，象形字最早产生，其后为假借、形声。表示一个事物所采用的文字类型，往往可以反映该事物在人们生活中的地位，甚至可以探求一种事物的来源。一般来说，采用象形字的事物往往与时人的生活密切相关。因为只有密切的事物，人们才对它异常地熟悉，才有可能用象形的表达方式，如上文所举的“犬”字。象形的表达方式古朴，与人类早期的思维方式相契合。对于古人而言，假借方法的使用纯属不得已而为之，实在找不到其他表达方式。一种事物采用这种表达方式，往往说明这种事物为新生事物，或者为外来之物，时人尚不熟悉，还来不及用表意的方式来进行表达。如上文所举“师”字。狮子并非中原之物，当它来到中原，人们只能假借“师”字来记录它。形声字则是在已有的文字基础上添加意符或声符而形成的一种文字结构。采用形声字记录的事物或者是人们很熟悉的事物，由于该字被借用，而采用形声的方式相区别，或者是相关事物有多个，为了相区别，而再造几个意义相关的字。与象形字相比，形声字时代靠后，与较为成熟的思维方式相一致。

象形字“象”从一个侧面说明了象与华夏先民的密切关系。在汉字体系中，“象”字还可以作为构字部件，成为一些汉字的重要组成部分。

例如“为”字，甲骨文作“”，金文作“”、“”等形，小篆作“”。甲骨文和金文构形相似，到了小篆，“为”字的形体发生了较大的变异。难怪许慎在《说文解字》中如此解释：“为，母猴也。其为禽好爪。爪，母猴象也。下腹为母猴形。”从甲骨文和金文的形体来看，这一解释显然不正确。罗振玉在《增订殷墟书契考释》中认为：“从爪从象……卜辞作手牵象形……意古者役象以助劳其事。或尚在服牛乘马之前”。罗振玉的观点得到了学界的普遍认同。“为”从象从人手的构形生动形象地再现了古人役象的情景。我们似乎可以进一步思考，这只象是野生的呢？还驯养的？既然人都可以牵，可能是野生的吗？我想，可能性很小，应当是驯养后的大象。象由野生到驯养恐怕不是一朝一夕的事，一定有一个较长的历史过程。由此可见，象在中原的历史当可以追溯到殷商之前。

又如“豫”字，《说文解字》：“豫，象之大者。贾侍中说：不害于物。从象予声。”许慎认为“豫”为较大的象。今人对于“豫”字有着不同的解释，竺可桢先生认为：“河南省原来称为豫州，这个豫字就是一个人牵了大象的标志”，张汉沽先生认为：“‘豫’字左旁为‘予’，予者我也，豫的右旁为象。‘豫’即表示一个人，手牵一头大象”，秦文生先生认为：“黄河流域至迟在殷

河南电视台台标

引自李波《看不完的好故事：河南电视台电视剧频道开播两周年文集》，中国广播电视出版社，2006年。

代尚有较多的大象，河南古称‘豫州’，是因为产象而得名。”徐中舒先生则认为：“《说文》豫，从象予声。从予乃从邑之伪，予为晚出之字，不见于甲骨、青铜器。”即“予”本为“邑”。当然，也有人认为“豫”字指的是“天象”，文字中的“象”并非动物象。不管“象”是动物象，还是天象，归根结底还是有“象”。前者当然说明中原在远古时期有象。如果后者之说是正确的，也不能否定中原有象。因为假使“象”不是动物之象，而是天象，那么“象”在这里则是文字的假借。既是假借，“象”字必然早已存在。“象”字存在，动物象也当然存在。因此，远古时期的中原有象应该是没有疑问的了。

在《说文解字》中，我们还找到另外一些含“象”的字：

> 𩞄，昼食也。从食象声。
>
> 襐，饰也。从衣象声。
>
> 像，放也。从心象声。
>
> 潒，水潒瀁也。从水象声。读若荡。
>
> 勨，繇缓也。从力象声。

虽然这些“象”字都是表达字的音，而不是表义，但至少说明了“象”字在当时的流行性，也说明了人们对象的熟悉。如果不是这样，“象”也不可能成为声符。

乙公簋
引自文物出版社《青铜器》，文物出版社，1964 年。

由此可见，在殷商时期，大象当生活于中原大地，并为殷人所熟悉，甚至被驯化。商代的甲骨文卜辞也可以说明这一点。

“今夕其雨获象？”（郭沫若《卜辞通纂》第377片）

“于癸亥省象，易日。”（郭沫若《殷契粹编》第610片）

“乙亥王卜，贞，田噩，往来亡灾，王占曰，吉，获象七，稚卅。”（王襄《簠室殷契征文》第86片）

“……王卜，贞，田梌，往来亡灾，王占曰，吉，兹御，……百四十八，象二。”（郭沫若《卜辞通纂》第21片）

虽然卜辞中的一些语词至今仍不能得到准确的释读，但是其中的“获象”、“象二”中的“象”当不是无中生有。

后世的一些文献也有象的相关记录。《吕氏春秋·古乐篇》有“商人服象，为虐于东夷”，即商代的人驱使着象，对东夷进行残酷的征战和掠夺。说到这里，不禁想到中国象棋，或许这正是战争之象的转化符号。象不仅用于战争，也用于耕作。史书中的“舜耕尧山，以象代耕”就是这一现象的很好反映。

文字、文献如此，出土的殷商器物也可以说明这一点。《乙公簋》为西周早期青铜器，该器腹部为对称的象纹，足部粗壮，为典型的象的造

象纹
引自马承源《中国青铜器》，上海古籍出版社出版，1988年。

象尊

引自马承源《中国青铜器》，上海古籍出版社，1988年。

型。一些青铜乐器诸如钲、铙等以象纹为边缘纹饰。一些青铜器直接以象为造型。马承源主编的《中国青铜器》中就收录了五件青铜象尊，为商晚期器物。商周时期的尊是宗教祭祀中的重要器物，《周礼・春官宗伯・司尊彝》记有六尊六彝，六尊有献尊、象尊、著尊、壶尊、大尊、山尊，象尊成为六尊之一。可见，象在殷商时代已经是人们非常熟悉的动物。

不过中原之象似乎好景不长。到了战国，象已绝迹于中原地区。《韩非子・解老》有："人希见生象也，而得死象之骨，案其图以想其生也，故诸人之所以意想者皆谓之'象'也。""希见"即很少见到，可见那个时代的人很难见到象，偶或得见，也只是象的尸骨。《说文解字》："长鼻牙，南越大兽，三年一乳，象耳牙四足之形。"许慎认为是南越大兽，南越也就是今广东、广西和越南等地。可见，在那个时代，中原已没有原产象了。难怪《战国策・魏策》又有"白骨疑象"之说。

虽然大象已经不存在了，但象的文化却流传了下来。

这不，"象"竟然成为古时人的名字，并且不是一般人的名字。据历史记载，舜的同父异母弟弟叫象，性情高傲狠辣。象对舜颇为不满，因此常常跟父母找机会谋害舜。但是，舜却一如既往地侍奉和照顾三人，没有半点不敬。后来他们的父亲瞽叟、象的母亲及象本人陷害舜的计划暴露了，舜也没生半点气，反而对他们更好了。三人最终被舜的大仁大义所感动。

在孔子为《周易》所作的“十翼”中，我们可以发现“象”。“十翼”，即上下彖、上下象、上下繫辞、文言、说卦、序卦、杂卦。这里所谓的“象”，就是指万物之体，各有形象，圣人设卦，以写万物之象。从此，“象”进入了哲学的殿堂。

在中国文化中又有“四象”之说。“四象”是中国传统天象学的一个概念。在中国天象学中，东、南、西、北四方分别有七宿，人们分别将这四方的七个星宿串联为四种动物，即青龙、白虎、朱雀、玄武。不同于现代，中国传统方位是以南方在上方。因此，当用“四象”描绘方位的时候，又会说成左青龙（东）、右白虎（西）、前朱雀（南）、后玄武（北）。在天文阴阳学说中，“四象”又可以指一年的四个季节，即少阳、太阳、少阴和太阴，又可指风、雨、雷和电四种自然天象。不管“四象”指向何物，其实，这一概念仍是“象”这一个富有中国传统哲学意味的语词的引申和沿用。

中原之象虽然远去了，但“象”文化却永远地留存于华夏文明之中。由此，我们不禁想到了《老子》中的“大象无形”。

【“燕”，玄鸟也】

对于燕，相信大家都不陌生。在生物学上，燕属候鸟，体型小，翅膀尖而长，尾巴分叉，常在飞行中捕食昆虫，为益鸟。客观地说，燕既没有孔雀般华丽的外衣，没有翠鸟般清脆的嗓音，也没有鸿雁般宽广的翅膀。然而，在这纷繁的自然中，燕却深得华夏民族的厚爱，成为古往今来称颂的小精灵。“几处早莺争暖树，谁家新燕啄春泥”（白居易《钱塘湖春行》），“小燕子，穿花衣，年年春天来这里”……

也许是因为华夏民族对“燕”的厚爱，早在甲骨文时代，华夏先民就为可爱的小燕子造了一个“燕”字，作“”、“”、“”等形。甲骨文“燕”有一张略微张开的嘴巴，一双展开的翅膀和一条剪刀般的尾巴。寥寥数笔就把小燕子的形象生动地勾勒了出来。

“燕”字的出现，说明至少在殷商时期，燕子已经进入华夏先民的视

燕
引自黄洵瑞《雨》，北京书店上海分店，1955年。

野，成为他们生活的重要元素，成为人们茶余饭后的谈资。对燕子的这种关爱，也许是因为她挑选了一个美丽的季节来到了人间，来到人们的身边，给人间带来了春天的气息，给人们带来了一年的希望；也许是因为她结庐于华夏先民的房舍，与人做伴，与人亲近；也许是因为她日夜劳作于田间地头，为庄稼除却了可恶的害虫，为一年的丰收立下了汗马功劳。

华夏先民为燕子所造的汉字不是会意字，也不是形声字，而是象形字。别小看这象形字，这可是小动物享受人们丰厚待遇的一种体现。在记录鸟类的汉字中，用象形方式来记录的确实很少，大都采用形声的方式。比如汉代的《说文解字》，以鸟为部首的字有119个，从隹（是一种短尾鸟）的字有39个，这些字大部分为鸟名，基本上是形声字。例如：

雅，楚烏也。一名鷽，一名卑居。秦謂之雅。从隹牙聲。

雞，知時畜也。从隹奚聲。

鴨，鶩也。俗謂之鴨。从鳥甲聲。

鸡和鸭是我们最熟悉不过的家禽，记录它们的“鸡”字和“鸭”字也只是采用形声的方式。由此可见，燕子在华夏先民的心里确实非同一般。段玉裁在《说文解字注》的“焉”字条中注释到：“所貴者故皆象形。鳥多矣。非所貴皆爲形聲字。”当然，在一些书法作品中，“燕”字也可写作“鷰”，从鸟燕声，是一个形声字。不过，只要稍加分析，就可以知道这一字形源自“燕”，即在“燕”字的基础上再加表意符号“鸟”。今天，历史还是选择了“燕”这一象形形体。更值一提的是，在《说文解字》中，“燕”字还是540个部首中的一个，这与燕子在华夏文化中的重要地位不无相关。

“燕”的古文形体并不复杂，但后人对它的一些解释却带着几分神秘。《说文解字》：“籋（niè）口，布翄（同“翅”），枝尾。象形。”“籋”、“布”、“枝”三个字形象地描绘了燕子的特点。许慎的解释倒是中规中矩。下面这段由现代人所做的解释就颇有奇特意味了。

燕字由四个部件组成：廿、北、口、火。“廿”指雏燕从出壳到会飞所经历的时间：20天。“北”指“玄”。《说文》：“燕，玄鸟也。”“口”为“或”省，为城市平面形状。这是指家燕有营巢于城市民居的习性。“火”指气候暖和（春暖花开时节），也兼指南方。廿、北、口、火这四个部件整合成燕子的向北飞行时的形象。整个“燕”字记载了燕子的习性：每年春暖花开季节，燕子从城市民居家里的巢中起飞，一路向北，回归故乡。

从文字学的角度来看，这段解释有些牵强附会。不过，从文化学的角度来看，却耐人寻味。一个简单的“燕”字被寄予了如此多的内涵。

从“燕”字的简单形体，我们读懂了许多。而人们对燕的理解则折射出丰富的中华文化。

《说文解字》：“燕，玄鸟也。”玄，《说文解字》：“幽遠也。黑而有赤色者爲玄。象幽而入覆之也。”玄，一种深不可测的色调。古人有“天玄地黄”之说，玄是天的颜色，一种高贵而神秘的颜色。用玄修饰燕子，可见她在华夏先民心目中的地位。同时，一个玄字也给燕子蒙上了神秘色彩。这不禁让我们想到“玄鸟生商”的传说故事。据说，很久很久以前，帝喾的妃子简狄和两名女子在河中沐浴。这时，空中飞来了一只燕子，并产下一枚卵，简狄拿过来就把它吃了。不久，简狄便有了身孕。十个月后，生下一个男孩，取名为契，商人最早的祖先就这样诞生了。“玄鸟生商”的传说在古代文献中屡见不鲜。也许是因为这样，玄鸟成为殷人所尊奉的图腾。

“玄鸟生商”神话所折射出的是华夏先民的生育崇拜。在《说文解字》的相关解释中，这种崇拜也不少见：

> 《说文解字》：“焉，焉鸟，黄色，出于江淮。象形。凡字：朋者，羽虫之属；乌者，日中之禽；舄者，知太岁之所在；燕者，请子之候，作巢避戊己。所贵者故皆象形。焉亦是也。”

其中有“燕者，请子之候”，候，即候鸟，请子，即求子。

> 《说文解字》：“孔，通也。从乚从子。乚，請子之候鳥也。乚至而得子，嘉美之也。古人名嘉字子孔。”

其中有“乚，请子之候鸟也。”下面两例也有相同的论述：

> 《说文解字》：“乚，玄鳥也。齊魯謂之乚。取其鳴自呼。象形。凡乚之屬借从乚。”

玄鸟生商
引自王孝廉《岭云关雪——民族神话学论集》，学苑出版社，2002 年。

> 《说文解字》："乳，人及鳥生子曰乳，獸曰産。从孚从乚。乚者，玄鳥也。"

这里的乚、玄鸟、燕当为同一动物，都与生育密切相关。上古文献也有相关的论述，《礼记·月令》："仲春之月，……玄鸟至。至元日以大牢祠于高禖，天子亲往，后妃帅九嫔御……"这里高禖，即为管理婚姻和生育之神。据相关记载，高禖为成年怀孕的女性形象。《礼记·月令》的几句话大致可以理解为：春天里……燕子飞来了。到了仲春的第一天，用牛羊猪俱全的仪式祭祀高禖，天子亲自前往，后妃率领所有的嫔妃在一旁侍候……。

由"燕"衍生的生殖崇拜可谓玄。不过，在《说文解字》中的相关文字解释中，我们也可以体验到燕子的其他"玄"。

> 《说文解字》："蛤，蜃属。有三，皆生于海。千岁化为蛤，秦谓之牡厉。又云百岁燕所化。魁蛤，一名复累，老服翼所化。从虫合声。"

注意其中的"又云百岁燕所化"。

> 《说文解字》："凤，神鸟也。天老曰：'凤之象也，鸿前麐后，蛇颈鱼尾，鹳颡鸳思，龙文虎背，燕颔鸡喙，五色备举。出于东方君子

燕子乳
引自王小彬《彩色图解动物百科》，黑龙江科学技术出版社，2007年。

> **之国，翱翔四海之外，过昆崘，饮砥柱，濯羽弱水，莫宿风穴。见则天下大安宁。’从鸟凡声。”**

在这里，神鸟凤竟然有了燕子的颔。

“燕”的形体描绘了燕的自然之美，古人对“燕”的解释则折射出燕的神秘，而“燕”在文学中的意象则充满了诗情画意。有春光的美好：“莺莺燕燕春春，花花柳柳真真”（乔吉《天净沙·即事》），“鸟啼芳树丫，燕衔黄柳花”（张可久《凭栏人·暮春即事》）；有惜春之情：“笙歌散尽游人去，始觉春空。垂下帘栊，双燕归来细雨中”（欧阳修《采桑子》）；有爱情的美好和相思：“燕燕于飞，差池其羽，之子于归，远送于野”（《诗经·邶风·燕燕》），“花开望远行，玉减伤春事，东风草堂飞燕子”（张可久《清江引》）；有昔盛今衰、亡国破家的感慨和悲愤：“山河风景元无异，城郭人民半已非。满地芦花伴我老，旧家燕子傍谁飞？”（文天祥《金陵驿》）；有漂泊流浪之苦：“年年如新燕，漂流瀚海，来寄修椽”（周邦彦《满庭芳》）。

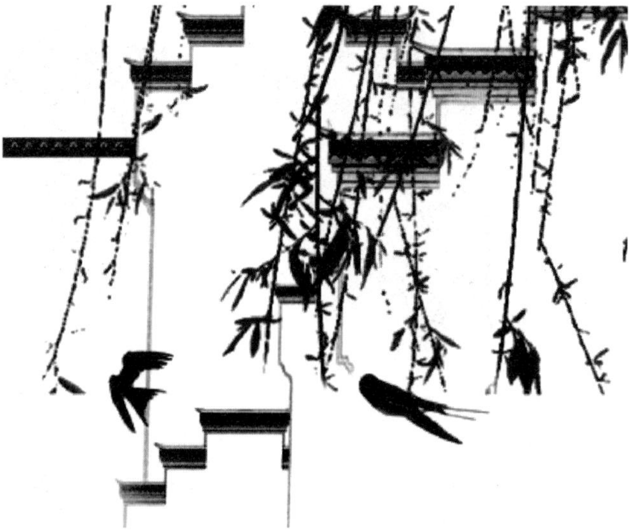

春燕
引自《中国水彩》编委会《中国水彩，韵》，上海书画出版社，2003 年。

曾经的“燕”充满了神秘，如今的“燕”字却已成为平民百姓喜欢的名号。我们似乎可以套用刘禹锡《乌衣巷》中的一句“旧时王谢堂前燕，飞入寻常百姓家”来概括“燕”在文化观念中的变迁。

植物类

〖治标还得治 “本”〗

近来，一位朋友患病，在当地知名医院治疗了几个月，却没有任何起色。另一个朋友建议：“你还是去看看中医吧！西药治标，中医治本”。这位朋友所谓的“本”究竟指的是什么呢？通俗地讲，是指病的根源。在我们的语言中，“本”是一个很常用的字，既平实又很高深。

说平实，是因为“本”就是随处可见的树根。许慎在《说文解字》中说“木下曰本”。这里所讲的“木”当然不是木头，而是树木。许慎对本的解释有点像猜谜。不过，要猜出它的谜底却并不难，“木下”即树根。分析现代汉字“本”，仍能发现一个“木”字和一横。“本”字原本的意义隐约可见。不过，要真正地认识“本”字，还得见识一下它的原始真面目。

在迄今发现的甲骨文中，尚未出现类似于今天的“本”字。一些学者

本
引自张林桂《鹤立群山：张林桂摄影诗歌 100 组》，印刷工业出版社，2008 年。

很不甘心。因为如此平常的“本”，殷人怎可忽略呢？因此，这些学者在甲骨文中使劲地找，终于发现了一个“不”字，并说“本”字脱胎于“不”字。甲骨文“不”字作“不”，下部有三垂，像树根。另外，“不”和“本”的读音在古代很相近。从形体和读音来看，“不”与“本”具有这种关系的可能。可惜的是，至今尚无支撑这一观点的可靠证据，仅是一种逻辑推断。

但可以肯定的是，金文已出现了“本”字，作“本”，像木，下部有三处呈现膨大貌，似乎在凸显树木的根部。许慎在《说文解字·木部》的“本”字下列举了一个重文（通俗的讲，相当于今天的异体字），作“本”，与金文颇为相似，只是重文“本”的下部膨胀部分呈空心状。从文字的发展角度来看，这一重文显然继承了金文的特点。

应该说，金文和重文的“本”字形象生动地描绘出树根的特点。不过到了小篆，“本”就抽象了起来。小篆“本”字作“”，先前金文和重文中的三处膨胀部分连为了一体，并细化为一条横线。这一变化基本改变了“本”字的象形特点。

讲到这里，各位读者也许会问：金文、重文“本”字中的膨胀部分与小篆“本”字下部的一横的作用是否一样？这个问题还真的有些棘手。金文、重文“本”的下部膨胀部分看上去的确像树根。我们不禁会问：植物根都呈膨胀的样子吗？当然不是。既然植物根并不都膨胀，古人又为什么画成这样？只有一种解释，即起到指示根部的作用。无独有偶，汉字中还有一个“末”字，金文作“”，在它的上方也有类似于“本”字的膨胀部分。很显然，“末”字上方膨胀部分起到了指示树木末端的作用，而不是对树木末端的客观描绘。“末”字的构形恰好可以印证“本”字下部膨胀部分的作用。对于小篆“本”字一横的作用，宋代徐锴在校订《说文解字》时论述到：“一，记其处也。”即指示根所处的部位。今人对“本”字构形的认识也大都如此。

从构形来看，“本”字表“木根”义是无疑的了。今天，我们仍可以在古代文献中找到很多表示“木根”义的“本”字。《诗·大雅·荡》：“本实先拨”。《国语·晋语》：“木不自其本，必复生。”唐代柳宗元《种树郭橐驼传》：“摇其本以观其疏密。”

有意思的是，在汉字体系中，表“根”义的汉字除“本”字外，还有很多。仅在《说文解字》中，就可以找到以下这些汉字：

> 根，木株也。从木艮聲。
>
> 株，木根也。从木朱聲。
>
> 柢，木根也。从木氐聲。

芋，大葉實根，駭人，故謂之芌也。从艸亏聲。

藕，芙蕖根。从艸、水，禺聲。

荄，艸根也。从艸亥聲。

茿，茇也。茅根也。从艸均聲。

茇，艸根也。从艸犮聲。

楞，木根也。

虽然这些字我们不一定都认识，但透过这些字，却可以感受到古人对根的关注，对根的熟悉。换句话说，“本”对于古人来讲又是如此的重要。其实，“本”之所以重要，也在情理之中。华夏民族是一个农业历史悠久的民族。农业生产是这个民族生存的基础，也是华夏先民生活的依靠。农业即意味着作物生长。可以想象，进入农业时代的华夏先民与农作物朝夕相处，植物的叶、茎、本当是了然于心。在植物的这些部件中，“本”的重要性不言而喻。难怪古人为各种植物的根设计了不同的汉字，可谓用心良苦。

时至今日，这些字大部分退出了历史舞台，表“根”的任务最终落在了“根”字上。在这个适者生存的文字生态中，“本”字也不例外。文字的这种更替有语言文字自身的原因，也有社会文化的原因。语言日益丰富，农业社会的发展，社会文化的变化，势必导致这种现象的出现。

不过，“本”不像其他字的命运，被历史所淘汰，而是另有重用。《玉篇》:“本，始也。”“臣本布衣”（《出师表》），“本在冀州之南”（《列子·汤问》）。在这些文例中，“本”字有了“开始”之义。又有“君子务本”（《论语·学而》），“今背本而趋末”（《论积贮疏》），“然墨之道，兼爱为本”《中山狼传》。在这些文献中，“本”则表“事物的根基或主体”之义。又有“盖亦反其本矣”（《孟子·梁惠王上》），“为是者有本有原”（《原毁》），这些则表“根源或本源”之义。在这种变化中，“本”似乎散去了满身的泥土气息和童年时期的稚嫩，摇身一变，多了几分深沉和哲理。

谈到这里，就不难理解前文治病所谓的“治标还得治本”。本，树的根。根坏了，树就没法吸收土壤中的水和肥料。这样，树还能活吗？治疗病人，如果不找到病根，不把这个根治好，病人还能痊愈吗？治病如此，世界上的其他事情又何尝不是如此。在今人的语言里，“本”似乎又重现了儿时的火爆。在许多谈论的场合，人们似乎很喜欢用到“本”。

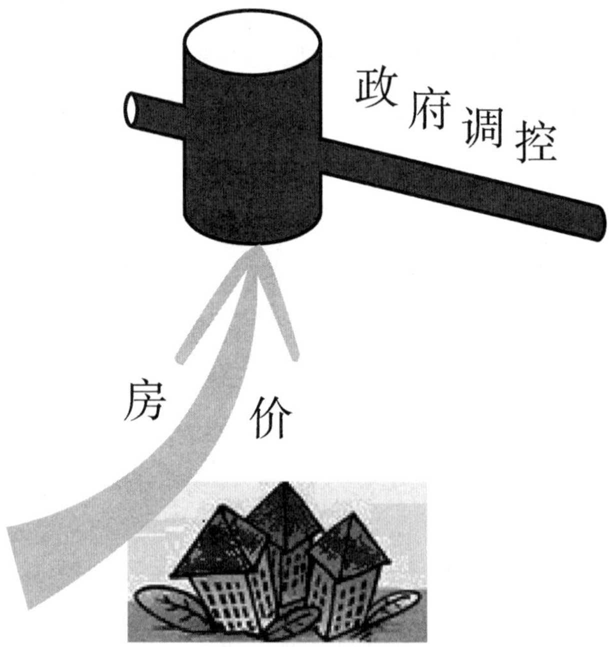

房价漫画
自画

近年，房价居高不下，房价回归合理价位成为中国经济的一个难点。人们在评论当前的房市政策，总会冒出一句：现今遏制房价的新政不过是治标，并不治本。

腐败是当前社会一大隐患。政府对于这一问题提出许多治理方案。前一阵子，国务院办公厅转发了七部委《关于规范商业预付卡管理的意见》的文件，要求建立商业预付卡购物卡实名登记制度。商务部要求实行购物卡实名制，一次性购不记名卡超 1 万元须登记。听到这些政策规定，人们又会冒出一句：这是治标而非治本。

又比如中国教育中的“借读费”问题。各级政府纷纷制定了取消借读费的法律规定，但是教育投入仍很不够，资源配置仍然不均衡。对此，人们同样会冒出一句：“这是治标而非治本。”

又比如……

“本”为树根，是生命之源，是事物发生之源，也是问题解决之根本。在华夏文明中，“本”不仅散发着泥土气息，同样也散发着浓郁的哲学气息，让人回味。

〖“不” 是根？还是花？〗

“不”是日常生活中最常用的一个词语，并且有很强的构词能力，“不卑不亢”、“不耻下问”、“不成体统”、“不到黄河不死心”等等。著名音乐人陈百强甚至创作了一首以“不”为名的歌曲：

> 请不要问，请不要问，只想快乐，不想有恨。游子一般步伐没法歇一阵，我只求新，年轻的心没法锁得太紧，身边一片缤纷，不愿生根，怕留脚印，不定的心，永不为谁留恨……

如果要问“不”的意义，大家会不假思索地说：表否定。现代汉字“不”结构简单，一目了然。不过，真的要问个“不”字的究竟，也许没有几个人能回答上来。这一问题不仅难住了许多普通人，也难住了许多专家。

要洞悉“不”字，还得找出“不”字的最早字形。早在甲骨文时期，“不”字就已经出现，作“”、“”等形。甲骨文“不”字分析起来，一般有两个部分，上为一个封闭的三角形，下为三条垂线。有些甲骨文的上部也不出现这个封闭的三角形。在甲骨文卜辞中，“不”已被大量的使用。像今天一样，甲骨文“不”字基本上用来记录否定词“不”。

“不”字的金文作“”，与甲骨文“”的构形基本相同，只是书写线条略有不同。“不”字的小篆作“”，笔画有所规整，看上去有了一些变异。总体看来，“不”字的甲骨文、金文和小篆变化不大，之间的继承性非常明显。就目前的文献来看，金文和小篆像甲骨文一样也是以记录否定词为主，极少看到记录其他的词。

由于“不”字记录了一个如此抽象的词，这给我们的考证带来不小的麻烦。

“不”字到底是什么呢？研究文字的人从不同的角度提出自己的看法。这些看法分析起来，主要有三种，即胚芽说、根部说和花朵说。

根部
引自梁鹗《茎菜栽培》，丰年社编印，1978年。

胚芽说的代表是清人王筠和近人康殷。不过，两者的看法稍有区别。王筠在《文字蒙求》中有："不，古櫱（蘖）字，从木无头。"櫱（蘖），按现代字典的解释是指植物近根处长出的分枝。不过，王筠的这一观点既没有古文献的例证，也没有音义的支撑。因此，王筠这一观点也仅是一种推断。康殷在《文字源流浅析》一书论述到："形未甚明，概象植物胚芽，根块植地生根之形。"康殷先生推断"不"字是植物的胚芽。从字形上看，"不"的古字形与"根块植地生根之形"的确有相似之处。从古音上看，"不"与"胚"相通。遗憾的是，康殷先生没有找到可靠的文献用例。"形未甚明"也说明康殷先生的这一观点仍是一种猜测。

根部说的代表是姚孝遂先生。他在《甲骨文字诂林》一书中认为："……契文'不'字本象草根形……字亦作'芣'。草之根曰茇，木之根曰本，而音义俱相同，可通……易而言之，'不'象一切草木之根形。"可见，姚孝遂认为"不"字是草根。从字形上看，"不"的字形与草根很像。从读音上看，"不"的读音与"茇"字相通。可惜的是，姚孝遂同样没有列举文献用例。

持花朵说的学者较多，彼此之间的观点稍有不同。兹举例如下：

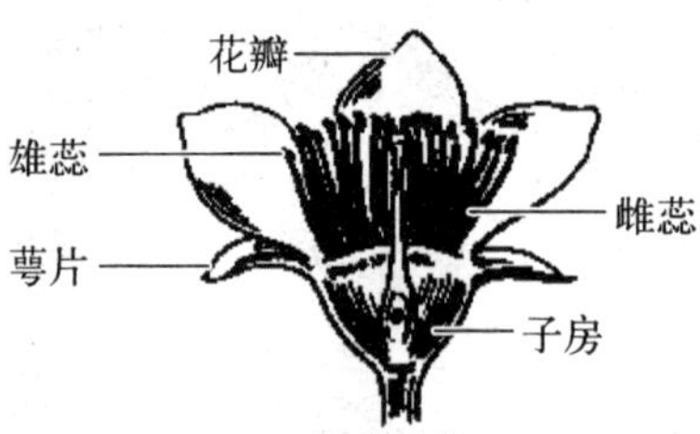

蔷薇形花

花
引自阎永齐，赵亚夫《桃树栽培技术图说》，江苏科学技术出版社，2006年。

清代古文字学家徐灏在《说文解字注笺》一文中说到："不芣一字"。《说文解字》："芣，华盛。从艹不声。"可见，徐灏认为"不"字是盛开的花。

郭沫若在《甲骨文字研究》中认为："分析而言之，其中若象子房，象萼，象花之雄雌。……

余谓不者，房也，象子房犹带余蕊。”郭沫若认为“不”字是花“房”之房。

罗振玉在《殷墟书契考释》中考证为：“象花不形，花不为不之本谊……”

王国维在《观堂集林六卷》中认为：“帝者，蒂也；不者，柎也。”柎，通俗的讲就是花萼。“不”与“柎”的古音相同，“不”的字形与花萼之形也颇为相似，更重要的是，《诗经·小雅·常棣》有：“棠棣之花，鄂不铧铧。”郑玄笺：“不，当作柎；柎，鄂（萼）足也。古音不柎同。”《左传》又有“三周华不注”，其中“花不”相连，不失为一旁证。“不”为“柎”这一观点在音形义三个方面都能讲通，并得到了传世古文献的印证。因此，这一观点得到了学界的广泛认同。

一个简单的“不”字在学界确实掀起不小的波澜。看到这里，有心的读者也许会发现：这些观点虽各不相同，但其实有一个共通之处，即都把“不”字指向植物器官，或花、或胚芽、或根。因此，“不”源自植物的某种部件应该是无疑问的。

“不”源自植物，分析起来，并非偶然。从文字创制来看，为抽象词造字确实很难，人们一般采用假借的方式。作为否定词的“不”当然也不例外。古人在创制文字中，往往喜欢用自己周围最熟悉的事物作为造字的意象，进而表示语言中的语词，比如否定词“无”借用了表舞蹈的“舞”字，“勿”借用了表农具的“勿”字，“毋”借用了表母亲的“母”字等等。

“不”为什么要借用植物的“不”呢？很显然，这与人们朝夕相处的环境密切相关。可以想象，华夏先民生活在一个树木茂盛、百草丰茂、百花齐放的环境里。他们与花草树木相依相伴。当他们竭力寻找一个用于记录否定词的字的时候，自然想到了“不”字。在汉字中，记录植物的各部分的字很多，有本、末、茎、茉、帝等。时至今日，这些字大都也用于记录其他的一些抽象词，与“不”字有着相同的命运。比如，“帝”本为蒂，今用为帝王之帝。又比如，“本”本为根，今用为书本、量词等义。与这些字相比，“不”字被假借为否定词的时间应该更早。否则，我们也不至于对“不”的本义全然不知。

在所有的汉字中，“不”字意义的变化可谓翻天覆地。这种变化体现出来的其实是人们认知的变化，而人们认知的变化则是社会文化变迁的结果。在上古时期，人们把植物分出了本、茎、叶，把花分出了蕊、萼、子房和柎等部件，并用文字一一记录，这当然也包括“不”字。先民不可能像今人一样去系统地学习生物学、植物学等，他们对植物的认识是经验的积累，是辛勤劳作的结果。古人对植物如此细致的分析恰恰体现出植物在生活中的重要性。从这个角度来看“不”是“花”的一部分这一推断是很有道理的。花是生命之源。在农业社会里，花关系到古人一年的收成，关系到古人的基本生存，他们能不重视她吗？相信在那个时代，如果你拿这个“不”字问他们，一定会得到一个毫不犹豫地回答“花柎”。时至今日，如果你拿一朵花问大家各部分的名称，相信很多人已经说不上来了。这显然不是因为他们笨，也不是他们浅陋，而是因为我们离农业之花已经越来越远了。正因为这样，“不”的本义也就隐晦了。

在文章的结尾，我们顺便提一下汉代许慎对“不”的解释：“鸟飞上翔不下来也。从一，一犹天也。象形。”许慎认为“不”由鸟和天构成，下为鸟，上为天，因为鸟不下来，所以“不”字就有了不的意义。很显然，这是一个牵强附会的解释，也是古人望文生义的解释。不过，这也难怪许慎。那个时代的他无缘像今人一样看过如此多的甲骨文，他所见到的大多是小篆。如果让你根据现代汉字“不”进行说解，也许会更加荒谬。

许慎的观点被彻底否定了，“不”为植物的器官是无疑的。但是，“不”到底根，还是花？这仍是留给我们的一个谜。

鸟飞
引自王小彬《彩色图解动物百科》，黑龙江科学技术出版社，2007年。

【"秀" 色真可餐】

面对明眸皓齿，倾国倾城的美人时，人们常会发出一声感叹："真是秀色可餐呀"。不过，仔细观察"秀"字，却很难发现美人的影子。"秀"到底是什么？可餐乎？

在甲骨文和金文中，尚未发现"秀"字。小篆"秀"作""。对于"秀"的字形结构，众说纷纭。

许慎《说文解字》："上讳，汉光武帝名"。因避汉代光武帝的讳，许慎未作解释。

徐锴《说文解字系传》："秀，禾实也。有实之象，下垂也。"徐锴认为"秀"字像禾穗低垂的样子。

王筠《文字蒙求》："从人，禾象穗之下垂。"王筠的看法与徐锴同。

朱骏声《说文通训定声》："从禾几声"。朱骏声认为是形声字。

林义光《文源》（十卷）：“从禾乃。乃，扔之古文，引也。禾引为穗。秀其穗也。”林义光的观点较为新颖，但说服力不强。

吴颖芳《文字源流》：“下体当从孕省。禾孕为秀。”

段玉裁《说文解字注》：“从禾人者，人者，米也。明刻皆改作仁。《玉篇》、《集韵》、《类篇》皆有秂字。”段玉裁认为“秀”由禾和人构成，为会意字。

……

学者对于“秀”字的解释各不相同。不过，有一点是可以肯定的，那就是“秀”与禾、与穗相关。说到这里，有一个观点值得一提，即“秀”字是从“年”字分化而来。

关于“年”字，中国的传说很多，但大都不足信。从现代汉字“年”，已很难发现它的本源。“年”字的甲骨文作“”金文作“”，小篆作“”。比较“年”字的各种字形，甲骨文和金文基本相同，小篆则有些变异。对于小篆，许慎在《说文解字》中分析为：“年，谷熟也，从禾千声。《春秋传》曰：‘大有年’。”针对甲骨文字形，徐中舒在《甲骨文字典》中分析为：“年，从禾从人，会年谷丰熟之意。”容庚先生在《金文编》也有类似的分析：“年，从禾从人，人亦声。《说文》云从禾千声，非也。”以上三种解释，徐氏和容氏的较为可信。小篆“年”中的“千”字当是由人讹变而来。

从字形来看，“年”从禾从人，“秀”亦从禾从人（段玉裁的观点），结构相同。从古音来看，年的古音为奴颠切，秀为而邻切，反切出来的读音也很相近。从意义来看，年与秀的意义都与谷物成熟密切相关。下面是有关“年”和“秀”的一组文献例证：

关于“年”，如：

五谷皆熟为有年也（《谷梁传·桓公三年》），年即成熟、丰收。

五谷大熟为大有年。（《谷梁传·宣公十六年》），意如上

丰年多黍多年。（《诗·周颂·丰年》），意如上

有年。（《左传·桓公二年》），意如上

关于“秀”，如：

荣而实者谓之秀（《尔雅》）。秀即结果实，有成熟之意

秀，出也（《广雅》）。意如上。

实发实秀，实坚实好（《诗·大雅·生民》）。意如上。

《尔雅》有：“禾谓之华，草谓之荣，不荣而实者谓之秀，荣而不实者谓之英。”

通过上面的比较分析，“秀”与“年”同出一源的观点较为可信。“秀”字描绘了一幅禾穗累累的画面，意味着丰收，意味着丰衣足

秀
引自凌军《雨季西藏》，中国摄影出版社，2007年。

食。从这个角度来看，“秀色可餐”一词还真的有根有据了。“秀”，一幅让古人兴奋的画面，一幅让古人满足的画面。难怪古人也用“秀”来形容人的秀色。

“秀”字说清楚了，但“秀”字所展现的灿烂的农业文明却让人流连忘返。

中国的农业文明可以一直追溯到周代。周人起源于渭北高原，是一个长于种植业的古老民族。据相关史料，他们的始祖后稷擅长于作物种植。从文字来看，“周”字本身就是一个富有农业色彩的汉字。“周”字甲骨文作“”，徐中舒在《甲骨文字典》中分析到：“象界划分明之农田，其中小点象禾稼之形。”周人入主中原以后，利用中原适宜于农耕的自然条件，使农业进一步得到发展，并确立了具有农业文化特征的中国传统文化。从传世文献来看，周人非常重视农业，“夫民之大事在农，上帝之粢盛于是乎出；民之繁庶于是乎生；事之供给于是乎在，和协辑睦于是乎兴，财用蕃殖于是乎始，敦庞纯固于是乎成”（《国语·周语上》）。有学者称，中国的传统文化开始于周代，是在周代的农耕文化的基础上发展而来，在汉代成形，并一直延续到今天。

在汉字体系中，除了“秀”字，还可以找到很多与农业相关的汉字。这些汉字也静静地诉说着华夏灿烂的农业文明。“晨”字，甲骨文作“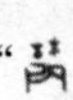”形，从辰从二中，或从二木。“辰”古时的一种农具。“晨”字为我们展现了一幅生动的耕作画面。这里顺便提一下，一些学者认为“晨”与“农”在古时是同一个字。由于古人很辛劳，先民总是很早就下地劳作。因此，“晨”有了表早上之义。“男”，甲骨文作“”，从田从力，力即古代的一种耒，为农具。整个字形像用耒耕作之貌。由于劳作之人为男性，故此，这一字形有了“男性”之义。由于篇幅有限，这里不一一举

耕作
引自康熙《御制耕作图一》。

例说明。

到了汉代，农业得到进一步的发展。许慎在《说文解字》中收入很多与农业相关的字。比如，以禾为部首的字就高达 89 个，兹列举如下：

禾秀稼穡穜植稑稺稹稠穊稀穖穆私穙稷齋秫穄稻稌稬稴秔秏穬秜稗移颖穟采穮穖秒機秠秨穮案秄穧获積积秩稇稞秙秅稃穭穅糕秸秆稾秕稍梨穰秧稱稈秊谷稔租税稾穅稣稍秋秦称科程稷秭秅秳稘稳稃

以上汉字全方位地展现了我国古代灿烂的农业文明，也体现了华夏先民对农业生产的深刻认识。《说文解字》中的相关解释生动地再现了这一点：

穡，穀可收曰穡。从禾嗇聲。

種，先穜後孰也。从禾重聲。

稑，疾孰也。从禾坴聲。《詩》曰："黍稷種稑。"

稺，幼禾也。从禾屖聲。

穈，稻紫莖不黏也。从禾糞聲。讀若靡。

稗，禾別也。从禾卑聲。琅邪有稗縣。

采，禾成秀也，人所以收。从爪、禾。

秎，禾危穗也。从禾勺聲。

……

农业生产是华夏先民的依靠，是华夏先民生活的主要内容。他们夙兴夜寐，与农业相伴。因此，农业词汇成为他们语言的主体。他们不仅谈农业，也将农业移植于生活。他们三句不离本行，满口的农业语词。他们会用农业生产中的"稠"、"稀"运用于所有表稠稀的事物上，自然也会将庄稼之"秀"运用于人之"秀"。

认读上面列举的文字，你也许会觉得自己很没文化，因为很多字你并不认识。其实，并不是你没文化，而是因为社会的变迁，许多语词在很久以前就已废弃不用了。粗略统计，以上这些字至今尚在使用的不到 30 个。其他的汉字或死亡，或另作他用，"秀"字就是其中的一个代表。又比如：

私，《说文解字》："禾也。从禾厶声。"

穆，《说文解字》："禾也。从禾㣎声。"

移，《说文解字》："禾相倚移也。从禾多声。一曰禾名。"

案，《说文解字》："辗禾也。从禾安声。"

科，《说文解字》："程也。从禾从斗。斗者，量也。"

今天，这些汉字的本义都已隐晦。事实上，汉字的废弃和词义的转移生动地反映了华夏农业文明的变化。

这不，随着农业社会的远离，随着华夏文明与世界文明的融合，“秀”字又有了新的含义。近些年来，“秀一下”、“脱口秀”、“真人秀”等词频繁地出现于各大传媒，成为人们爱用的一个语词。

秀，土生于华夏民族，在西方文化的影响下，摇身一变，竟成为一种时尚。

〖说 “艸”〗

“离离原上草，一岁一枯荣。”草既没有树木的高大，也没有鲜花的艳丽。但是，自古以来，草却备受关注，甚至获得人们热情的称颂。

早在甲骨文时代，人们就为草造了一个专门的汉字，作“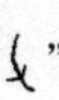”。甲骨文“草”字，看上去像刚长出来的小草，细小而鲜嫩。金文“草”作“”。与甲骨文比较，金文变化不大。小篆则增加了一根草，为“”。《说文解字》有：“艸，百芔也。”可见，“艸”为各类草的总名，这与今天所说的“草”的意义没有什么区别。

也许读者会问，现代汉字“草”又是怎么回事？其实，这一字形至少在汉代就已出现，《说文解字》作“”，构形与今“草”无异。不过，这一“草”并非今天的“草”。《说文解字》：“艸，百芔也。”。《说文解字》：“草（读为“zào”）斗，栎实也。一曰象斗子。从艹早声。”（按：

草
引自张林桂《鹤立群山：张林桂摄影诗歌100组》，印刷工业出版社，2008年。

栎实可以染帛，为黑色。今俗书皁或从白从十，或从白从七，皆无意义）徐铉注："今俗以此为艸木之艸，别作皁字，为黑色之皁。"也就是说，今天所使用的"草"字在小篆之前采用"𠂹"或"艸"，古代的"草"字为一种可作染料的植物。与"艸"相比较，"𠂹"更古。也许是"艸"后来只作为部首（即今天所说的草字头）使用的缘故，"草"义一词则不得不借用表"栎实"的"𦱤"（读为"zào"）来记录。后来，"𦱤"字一借就不还了，成为今天表"草"义一词的专用字。表"栎实"的一词只好借用汉字"皂"或"皁"来记录。

明白了"草"字的源流，接下来，让我们认识一下"草"字的亲朋好友，这就是“屮”、“芔”和“茻”字。

屮，读为“chè”，《说文解字》：“艹木初生也。象丨出形，有枝茎也。古文或以为艹字。读若彻。”也就是说，“屮”是草木刚生长出来的样子。“古文或以为艹”，即在古汉字中，“屮”与“艹”（草）两字形可通，“屮”也可以表示草。

芔，读为 huì，《说文解字》：“艹之总名也。从艹、屮。”“艹”为“百芔”，芔为“艹之总名”，故两者意义相通。段玉裁在《说文解字注》中认为：“是谓转注。二屮三屮一也。”即“芔”和“艹”的意义相同，可互相解释。

茻，读为 mǎng，《说文解字》：“众艹也。从四屮。凡茻之属皆从茻。读与网同。”

“屮”、“艸”、“芔”和“茻”四字都由“屮”组成，只是“屮”的数量有所不同。这四个字形的意义密切相关，甚至可以通用。从某种意义上讲，以上四个字的分化和使用体现出来的是华夏先民对草的深刻认知。

在《说文解字》中，“屮”、“艸”和“茻”三个字形都可作部首使用。据统计，在该字典中，从“屮”的字有 7 个，从“艸”的字有 458 个，从“茻”的字有 4 个，共 469 个。《说文解字》共 9 353 个字，“草”的相关字约占 5%。透过这些字，我们似乎看到了“风吹草低见牛羊”的华夏大地，看到了以草为伴的华夏先民，看到了三句不离“草”的华夏先民。

“春”，《说文解字》：“萅，推也。从艸从日，艸春時生也；屯聲。”“春”字从“艸”，“艸”传达了春天的讯息。下面对“草”字的解释也能看出古人的这种认识和观念，“从艸从早，早亦声，从早”，草即为春天最早生长的植物。从文字学上看，这种解释尚待考证，但从文化的角度来看，却颇有深意。中原大地，百草丰茂，可谓“离离原上草”。这里的人们“朝朝暮暮”与“艸”相伴。“朝”以“艸”为部首，“暮”也以“艸”为部首。动物在“艸”中嬉戏，“莽，南昌謂犬善逐菟艸中爲莽。从犬从茻，茻亦聲”（《说文解字》）。人活着固然与草相伴，死了亦与草相伴，你瞧古人设计的“葬”字，《说文解字》：“藏也。从死在茻中；一其中，所以薦之。”《易》曰：“古之葬者，厚衣之以薪。”

古人与草相伴。草虽不起眼，但它的点点滴滴却记在人们的心中。《说文解字》中以艸为部首的字默默地述说着这一切。

草从发芽到郁郁葱葱，先民无不用文字一一记载，例如：

> **屯，难也。象艸木之初生。**
>
> **每，艹盛上出也。从屮母声。**

芽
引自张林桂《鹤立群山：张林桂摄影诗歌100组》，印刷工业出版社2008年。

芽，萌芽也。从艹牙声。

茁，艹初生出地皃。从艹出声。

芃，艹盛也。从艹凡声。

汉族先民对“草”的各个部分进行了细致的切分，例如：

茎，枝柱也。从艹巠声。

叶，艹木之叶也。从艹枼声。

荄，艹根也。从艹亥声。

汉先民根据草的不同功能和特点，进行了分类：

芝，神艹也。从艹从之。

蓮，蓮莆，瑞艹也。尧时生于庖厨，扇暑而凉。

毒，厚也。害人之艹，往往而生。从屮从毒。

苹，蓱也。无根，浮水而生者。从艹平声。

萸，木耳也。从艹耎声。

草与人们生活密切相关。首先它是古人食物的主要来源之一：

菜，艹之可食者。从艹采声。

蔬，菜也。从艹疏声。

荤，臭菜也。从艹军声。

可为日用品，如：

苴，履中艹。从艹且声。

蘼，艹履也。从艹麤声。

茵，车重席。从艹因声。

可为香料，如：

兰，香艹也。从艹阑声。

薰，香艹也。从艹熏声。

可为染料，如：

蓝，染青艹也。从艹监声。

可入药，如：

药，治病艹。从艹乐声。

可作燃料，如：

荛，薪也。从艹尧声。

古人生于草莽之中，长于草莽之中，同时也创造了灿烂的草文化。草的这种文化不仅深入到普通人的生活，同时也深入到文人雅士的精神世界。这不，在中国文学中，“草”成为一个不可或缺的文化意象：

种豆南山下，草盛豆苗稀。道狭草木长，夕露沾我衣。——陶渊明《归园田居》

乱花渐欲迷人眼，浅草才能没马蹄。——白居易《钱塘湖春行》

北风卷地白草折，胡天八月即飞雪。——岑参《白雪歌送武判官归京》

国破山河在，城春草木深。——杜甫《春望》

独怜幽草涧边生，上有黄鹂深树鸣。——韦应物《滁州西涧》

苔痕上阶绿，草色入帘青 ——刘禹锡《陋室铭》

风吹草低见牛羊 ——《敕勒歌》

在中国文化中，草最终升华为一种精神。这不，一首歌曲在我们的耳

风吹草低见牛羊

引自高雪峰《蓝色故乡—乌珠穆沁草原》，内蒙古人民出版社，2006 年。

畔响起：“没有花香没有树高，我是一棵无人知道的小草。从不寂寞从不烦恼，你看我的伙伴遍及天涯海角。春风呀春风你把我吹绿，阳光呀阳光你把我照耀，河流呀山川你育哺了我，大地呀母亲把我紧紧拥抱……”

【"屯"——万事开头难】

《易经》是大家熟知的一部经典。在这部经典中，我们的先民罗列了六十四卦，其中有一卦叫"屯卦"。这里的"屯"不是读为"tún"，而是读为"zhūn"。其卦辞为："元亨利贞。勿用有攸往，利建侯。"

在认识"屯"字之前，还是先让我们来解读这段卦辞。"元亨利贞"为祥瑞之词，并无"难"意。不过，在古人的眼里，"祥瑞"与"难"却有着内在的联系。我们或许可以这样解读：无论我们做什么，开始必会遇到很多来自自身或外界的难题。面对这些艰难险阻，只要我们坚定信念，耐住辛苦，勇于进取，敢于克服，最终将会见到美丽的彩虹。"勿用有攸往"，"勿"为否定词，"用"有"施行"之义，"攸"表"所"。这句通常可以解读为：虽然坚信自己以后必会有所作为，而在屯难之时却不要冒进妄动，要动性忍心，坚贞自持。犹如创业之初，虽内心激情四射，却不能轻举妄动，而应审时度势，看准时机，方可动作，否则必会栽跟头。“利建侯”，经过前面的努力，时机已到，就可以建功立业了。

通过对卦辞的解读，我们隐约可以体会到古人对“万事开头难”的另一种理解。

接下来让我们看一看“屯卦”的卦象（见下左图）：“屯：震下坎上”，震如“雷”，如“电”，坎如“水”、如“月”。固有惊蛰春雷萌动万物始生之象。通俗的来说，就是又下雨又打雷；上有雨水，下有雷鸣；雨水滋润大地，雷鸣激起活力，两者配合，万物始生。所以，这一卦又被人称为“始生之卦”。雷雨交加，万物萌生。“雷”与“雨”不正是“开头难”的一种生动写照。

“屯卦”以自然之象寓意了“万事开头难”的人生哲理。“屯”字的形体又何尝不是。

屯卦
自画

风雨中的小草
自画

“屯”字甲骨文作“”。金文“屯”作“”，与甲骨文基本相同。徐中舒在《甲骨文字典》中认为：“字形象待放之花苞与叶形，或填实，或为虚廓”。可见，甲骨文和金文“屯”字都取象于草木初生字形。“屯”字的小篆作“”。显然，小篆字形继承于甲金文。不过，许慎的解释与今人不同。《说文解字》：“屯，难也，象屮木之初生，屯然而难。从屮贯一。一，地也，尾曲。”许慎并引《周易》“屯，刚柔始交而难生”进行论证。许慎认为“屯”字由“屮”和“一”两部分构成。“屮”读为“chè”，为“草”，“一”为万物赖以生长的土地，整个字像草木破土而出的景象。许慎对“屯”字构形的理解虽然不准确，但“屮木之初生”的解释却与今人并没有太大的差别。

可见，“屯”字的构形与《周易》“屯卦”之象有异曲同工之妙，似乎都体现出事物之初的艰难。

从“屯”字的古文形体，可以感受到初生小草的一种刚柔之美，虽曲，却坚强，曲折中孕育着无穷的魅力。对于初生的草，历来人们都给予了热情的赞美。这种赞美不仅在屯卦上和汉字“屯”的构形上，也体现在诗词歌曲中。

“离离原上草，一岁一枯荣。野火烧不尽，春风吹又生。”

“没有花香，没有树高，我是一棵无人知道的小草……”

曾经也有这样一个故事：

> 人的头盖骨结合得非常坚硬，生物学家和解剖学家用尽了一切方法，要把它完整地分开，都没有成功。后来忽然有人发明了一个方法，就是把一些植物的种子放在要剖析的头盖骨里，给予温度和湿度，使种子发芽。一发芽，这些种子便以可怕的力量，将一切机械力所不能分开的骨骼，完整地分开了。

石缝里的小草
引自张林桂《鹤立群山：张林桂摄影诗歌100组》，印刷工业出版社，2008年。

我们也常常可以看到被压在瓦砾和石块下面的小草，为了阳光，为了生之意志，不管上面的石块如何重，石块与石块之间如何狭，它总要曲曲折折地、顽强不屈地透出地面。它的根往土里钻，它的芽往地面挺，这是一种不可抗拒的力量，阻止它的石块甚至被掀翻。

小草的力量不仅表现在破除万难的生长，也表现在对力量的积蓄。小草依靠群体优势，杀不死，除不尽，不怕风吹日晒，不怕人类践踏，生生不息，把微小的力量积聚起来，形成一种合力，一种不可战胜精神。“屯兵”、“屯粮”之词也许是这种精神的写照。

有人曾这样概括“屯卦”：一、始：万物始生。二、盈：万物充满天地之间。三、难：困难重重。四、积：囤积实力。通过从上文的分析，这种概况确实不为过。

在甲骨文中，“春”一词常写作“屯”字。小篆的“春”作“萅”，

《说文解字》:“推也。从艸从日,艸春時生也;屯聲。”“屯”成了“春”的声符。在我们看来,“屯”似乎也可以看作“春”的意符。在春天里,细雨绵绵,雷声阵阵,万物复苏,一片生机,充满了希望。由“屯”字,又可联想到“顿”、“钝”两个字。顿,《说文》:“下首也。”即低下头。钝,为锐器受力后的卷曲貌。两者都呈卷曲的样子。“钝”是锋芒毕露的后果,“顿”则是人张扬后的沮丧。可见,一个人在某些时候还得学会藏。

由“屯”,由“草”,最后我们想到了人,想到了年轻人,想到了史铁生。今天,我们年轻人的生活是如此的幸福,社会、家庭、父母都给予极高的关注和爱护。然而,就是在这样的环境中,多少年轻人误入了歧途。他们没有夭折在初生的土壤中,却枯萎在耀眼的阳光中。同时,我们也可以看到多少贫困家庭走出了社会精英,多少残疾人士成名成家。

生命是平凡的,但我们可以在奋斗中成就自己的伟大。在困难面前,我们勇敢地走过,前面将是绚丽多彩的天空。

【杨“柳”依依】

说到柳，自然会想到贺知章的《咏柳》：

碧玉妆成一树高，万条垂下绿丝绦。

不知细叶谁裁出，二月春风似剪刀。

柳在贺知章的笔下宛若一位婀娜多姿的美少女。其实，在华夏文明中，柳树所折射出来的更多的是现实与浪漫、神秘与梦幻。

早在甲骨文时期，“柳”字就已经出现，作“”、“”等形。金文“柳”作“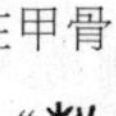”、“”等形。小篆作“”。几千年来，“柳”字的形体并未发生根本的变化。

甲骨文“柳”的构形并不特别，徐中舒在《甲骨文字典》中分析到：“柳……从木从卯”。也就是说，甲骨文“柳”由木和卯组成，这与现代汉

柳树
引自韩先云《苏州——人间天堂》，中国旅游出版社，2001年。

字“柳”字没有什么区别。

甲骨文“柳”的字形并不吸引人，吸引人的倒是“柳”字为什么能出现得如此之早。在甲骨文中，记录树名的字并不多，而“柳”字就是这为数不多中的一个。甲骨文“柳”的出现说明至少在殷商时期柳就为人们所熟悉，并成为人们生活的一部分。因为只有这样，人们才可能让“柳”字在有限的文字中占有一席之地。事实上，传世文献也反映了这一点。这些文献虽然没有直接表明柳在生活中的重要性，但对柳却有着详细的记载。在这些记载中，有关于柳的萌芽生长。《夏小正》：“正月柳稊。稊也者，发孚也。”“稊”意为植物的嫩芽，这句话的意思为正月柳树开始发芽。据有关学者考证，该文献成书于夏王朝末期，为我国最早的历法专著。可见，夏代人已经注意到柳树的生长时间。在这些记载中，也有关于古人种植杨柳的习俗。《古微书·礼纬·稽命征》有“庶人无坟，树以杨柳”，即春秋时期的平民百姓没有坟墓，只能在埋葬地种植杨柳树以作标志。在这些记载中，也有关于杨柳的种植方法。《战国策·魏二》："今夫杨，横树之则生，倒树之则生，折而树之又生。"（按：古代人杨柳不分，互为名称）又贾思勰的《齐民要术》也谈及种柳之法："种柳：正月、二月中，取弱柳枝，大如臂，长一尺半，烧下头二三寸，埋之令没，常足水以浇之。必数条俱生，留一根茂者，余悉掐去。"这些文献记载从一个侧面反映出柳树与华夏先民的密切关系。

古人为什么这样关注柳树呢？这当与柳树在人们生活中的作用密切相关。

在古代，柳树是华夏先民生活中的常用之物。其一，可做柳柴，《齐民要素·养鸡》有："燃柳柴，杀鸡雏……"。柳树易成活，生长快，白居易在《东溪种柳》中写道："松柏不可待，楩楠困难移。不如种此树，此树易荣滋。无根亦可活，成荫况非迟。三年未离郡，可以见依依。"因此，柳树成为柴火的理想选择。《齐民要术》征引古籍《陶朱公书》有："种柳千树，则足柴。十年以后，髡一树，得一载；岁髡二百树，五年一周。"这当是古人经营柳树的最早实践。其二，可作篱笆。《诗经·齐风·东方未明》有"折柳樊圃，狂夫瞿瞿"，毛传："柳，柔脆之木；樊，藩也。折柳以为藩，无益于禁矣。"因为这样，"折柳"也就成为篱笆的代称。其三，可编制篮、筐、箱等日常生活用具。其四，可作为早春芳树。柳树有宜人的色彩，又有婀娜的身姿。因此，古人常用柳树美化自己的家园、绿化周边的环境，《汉书·五行志》就有："昭帝时，上林苑种大柳。"

华夏先民在用柳的同时，也给柳树点染了几分神秘色彩。

这种色彩首先源于许慎对"柳"的解释。《说文解字》："桺，小杨

观音

引自梁启德《古代神话人物白描画谱》，广西美术出版社，2001年。

也。从木丣声。丣，古文酉。”许慎解释中的“丣，古文酉”成为一个亮点。“丣，古文酉”，也就是说，“柳”其实是以“酉”为声符。读一读两个字的读音，“柳”与“酉”确实有几分像。我们权且不去论证许慎分析的正误。事实是，这一分析将“柳”字与地支“酉”联系了起来。酉时，即日入，又名日落、日沉、傍晚，也就是太阳落山的时候。这样，柳也就意味着日落。汉代王充在《论衡·说日》中有：“儒者论日，旦出扶桑，暮入细柳。扶桑东方地，细柳西方野也。”在这里，柳成为太阳下山的地方。人们常常用生命的终点与日暮比附，这样柳又与丧葬联系在一起。在传世文献中，我们仍可以查找到一些相关的习俗。《周礼·天官·缝人》：“丧缝棺饰焉，衣翣柳之材。”孙诒让注释到：“凡覆柩车者，上曰柳，下曰墙。柳衣谓之荒，墙衣谓之帷。”后来，“翣（音 shà）柳”成为灵柩的代称，丧车又被称为柳车。《汉魏南北朝墓志集释·隋皇甫深墓志》：“柳车摇转，赗马悲声。剑悬孤陇，鹤唳荒庭。”唐代王维的《为杨郎中祭李员外文》：“悲《薤歌》之首路，哀柳车之就辙。”清代唐孙华的《闻惠研溪明府讣》有：“岂知丹旐返，长途送柳车。”据相关记载，一些地方的人们在清明节扫墓的时候一定要在亲人的坟上插上柳枝，清顺治《颍上县志》：“每年清明日，男女老幼均手持柳枝，前往家族亲人坟前祭扫，还为之添土，随后以柳枝挂纸钱插于坟上。”

也许因为这样，柳与神鬼结缘。《大灌顶神咒经》有“禅拉比丘曾以柳枝咒龙”，而观音则一手托净水瓶、一手拿柳枝，为人间遍洒甘露，祛病消灾。柳因而有了避邪驱鬼的功能，并被称为“鬼怖木”。据相关记载，魏晋南北朝时期，民间流传着元旦日、寒食日（三月三）插柳于户以辟鬼的习俗。《齐民要术》有“正月旦取柳枝著户上，百鬼不入家”的记载，梁代的宗懔《荆楚岁时记》亦有：“江淮间寒食日，家家折柳插门。今州里风俗望日祭门，先以杨柳枝插门，随枝所指以酒铺饮食祭之。”柳不仅具有驱鬼的作用，而且还有免毒避邪的功能。《池州府志》：“清明士女戴柳枝及插门之左右，俗云辟邪。”清光绪《怀来县志》：“三月三日，折柳枝插门，谓可避蛇蝎。”

汉字“柳”的读音与“留”相近。这样，柳又有了新的内涵——离别时的留恋，并进而发展为一种习俗——折柳赠别和折柳寄远。实际上，柳的这层含义早在《诗经》时代就已显现：

昔我往矣，杨柳依依。今我来思，雨雪霏霏。行道迟迟，载渴载饥。我心伤悲，莫知我哀！（《诗经·小雅·采薇》）

诗中唱到：“先前我离开的时候，杨柳随风飞舞。如今我要回来了，雨雪却是交加不断。路途泥泞难行，又渴又饥。我深感凄凉悲伤，但所有的这些又有谁知道呢？”诗歌以离别时的杨柳起兴，表达出离别时的不舍之情。在中国诗词中，“离别”与“柳”似乎总是形影不离。唐代王维亦有《送元二使安西》：

渭城朝雨浥轻尘，客舍青青柳色新。劝君更进一杯酒，西出阳关无故人。

据相关考证，“折柳”最早出现在《三辅黄图》(相传该书为六朝人撰写，记述秦汉时期关中历史地理）一书中。该书卷六“灞桥”条下可以看到这样的记载：“灞桥，在长安东，跨水作桥。汉人送客至此桥，折柳赠别……”按古代政治地理，此桥处在当时政治文化交流的必经之路上。因此，这里往往成为一些达官贵人、市井百姓的送别之所。“自古多情伤离别”，故“灞桥”又有“销魂桥”之称。五代后周人王仁裕在《开元天宝遗事》中记载到：“长安东灞陵有桥，来迎去送，皆至此桥为离别之地，故人呼之‘销魂桥’也。”后来，灞桥折柳成为一种风俗。在历代诗

桥边柳
引自张林桂《鹤立群山：张林桂摄影诗歌100组》，印刷工业出版社，2008年。

文，可以找到相关的记载。李白在《忆秦娥》中有："年年柳色，灞陵伤别。"据相关研究，折柳风俗只流行于汉唐宋，明清就逐渐消失了。

虽然折柳的习俗已经消失，但这种文化却永远地凝固在中国的诗词之中：

> 伤见路旁杨柳春，一重折尽一重新。今年还折去年处，不送去年离别人。（施肩吾《折杨柳》）
>
> 曾栽杨柳江南春，一别江南两度春。遥忆青青江岸上，不知攀折是何人。（白居易《忆江柳》）
>
> 垂柳万条丝，春来织别离。行人攀折处，是妾断肠时。（戴叔伦《堤上柳》）
>
> ……

柳，一种很普通的植物，但却凭借顽强的生命力、婀娜的身姿和耐人寻味的名字与人们的生计结缘、与鬼神结缘、与文化结缘，最终成就了柳的神奇。

【指“桑”骂槐】

明代兰陵笑笑生《金瓶梅词话》有这样一段：“他每日那边指桑树骂槐树，百般称快。”清曹雪芹《红楼梦》第十六回也有：“咱们家所有的这些管家奶奶，那一个是好缠的？错一点儿他们就笑话打趣，偏一点儿他们就指桑骂槐的抱怨。”如今，“指桑骂槐”已成为一个耳熟能详的成语。在这个成语中，“桑”遭受了莫名的辱骂，着实有些冤枉。其实，“桑”不该骂，也不能骂。在中国文化中，“桑”可是一个蕴含丰富文化的符号。

桑
引自吴仁儒《实用桑树栽培学》，四川科学技术出版社，1989 年。

桑很早就进入华夏先民的视野。这不，早在甲骨文时代，“桑”字就已出

送蚕茧

引自中国摄影家协会广东分会编《广东摄影艺术作品选》，岭南美术出版社，1984年。

现，作“[古文字]”，为象形字。在古汉字中，单独为一种树造一个象形字屈指可数。查阅《说文解字》，各类树木大都采用形声的表达方式，甚至一些常见的经济林木，如：

橘，果。出江南。从木矞声。

橙，橘属。从木登声。

柿，赤实果。从木市声。

桂，江南木，百药之长。从木圭声。

椅，梓也。从木奇声。

“桑”受到这种待遇，当与我国的桑蚕文化密切相关。我国是栽桑养蚕最早的国家。甲骨文的“桑”字说明至少在殷商时期人们已经开始植桑养蚕。据相关文献记载，春秋战国时期，栽桑养蚕已遍及我国南北的广大地区，养蚕织丝成为古人的一项重要的生产活动。

透过传世的古文献，我们也可以看到桑在古人生活中的地位以及古人对桑树的认知。据相关研究，桑是《诗经》中出现频率较高的一种植物。在这本诗集中，直接与桑树相关的词有：桑枝、桑叶、桑葚、桑土（桑根）、桑薪（桑木柴）等，间接的又有：女桑、桑中、桑间、桑野、桑田、桑林、桑社等。在这三百多篇诗歌中，有 20 多篇涉及“桑”，这分别是：《墉风·桑中》、《墉风·定之方中》、《卫风·氓》、《郑风·将仲子》、《魏风·汾沮洳》、《魏风·十亩之间》、《秦风·黄鸟》、《秦风·车邻》、《曹风·鸤鸠》、《豳风·七月》、《豳风·鸱鸮》、《豳风·东山》、《小雅·南山有台》、《小雅·黄鸟》、《小雅·小弁》、《小雅·隰桑》、《小雅·白华》、《大雅·皇矣》、《大雅·桑柔》、《鲁颂·泮水》等。可以想象，春秋时代的人们生活在一个桑树的世界里。

接下来让我们再次感受一下古人采桑时的美景，《豳风·七月》：

> 七月流火，九月授衣。春日载阳，有鸣仓庚。女执懿筐，遵彼微行。爰求柔桑，春日迟迟。……七月流火，八月萑苇。蚕月条桑，取彼斧斨。以伐远扬，猗彼女桑。

一幅美女采桑图、一幅帅哥修桑图生动地展现在眼前。而《诗经》中的《秦风·车邻》则从另一个侧面反映了古人对桑树的科学认知：

> 阪有桑，隰有杨。既见君子，并坐鼓簧。今者不乐，逝者其亡。

阪有桑即高坡干旱处有桑，这正是古人对桑树生态特点和造林时适地适树的准确认识。又《魏风·十亩之间》：“十亩之间兮，桑者闲闲兮”，在成片的农田之间，桑树点缀其间。这些桑树既保护了农作物，又充分利用了土地；在这里，桑既是一种经济作物，又是一种保持水土的树种。

桑与古人的生活息息相关，是古人的衣食父母。《郑风·将仲子》有“毋伐我树桑”，是呀！如果你砍伐了我的桑，我又该靠什么来过活呢？又《孟子》：“五亩之宅，树之以桑，五十者可以布帛矣。”因为种了桑，上了年纪的人终于可以穿上好布料的衣服了。

应该说，桑为华夏民族作出了杰出的贡献。同样，华夏先民也赋予了桑以崇高的荣誉，甚至把它推上了神坛。这不，“桑”字也开始改头换面了。到了小篆，“桑”字作“”，许慎在《说文解字》中解释为：“蚕所食叶木。从叒木。”“从叒木”，也就是说，“桑”由一个象形字变成了会意字。“从木”即桑以木为部首，与木相关。“叒”又为何物呢？“叒”音 ruò，《说文解字》：“日初出东方汤谷，所登榑桑，叒木也。”那“榑桑”又是什么呢？《山海经·海外东经》有：“汤谷上有扶桑，十日所浴。”“扶桑”即“榑桑”。在这里，桑成为太阳的邻居，成为上天幻境的神木。段玉裁在《说文解字注》中说道：“……榑桑者，桑之长也。故字从叒。桑不入木部而傅于叒者。所贵者也。”段氏认为“桑”字所以不以木为部首，而是以“叒”为部首，就是因为桑乃“所贵者”也。

当桑由一棵普通之树摇身一变成为了神，华夏大地的人们也开始供奉起它。你看，殷人把它作为了自己的社树。《淮南子·修务训》云“汤忧百姓之旱，以身祷于桑山之林”。桑山之林即“桑林”，“桑林”就是当时的社，后来成为殷社的代名词。古人举行社祭，一般要奏起音乐，跳起欢快的舞蹈，以取悦于神鬼。由于与桑相关，这种舞蹈也被称为“桑林之舞”（见《庄子·养生主》）。桑树之所以能成为社树，当然不是幸运，而是因为桑在古人心目中所占的重要地位。我们或许可以这样说，以桑林为社，以桑为社树，一方面是殷商时代桑树的广泛种植、蚕桑业发达这种社会现实的直接反映，另一方面也是殷人对蚕桑的价值及在农业生产中重大意义的一种认可与重视。

也许因为这样，桑树开始从原始人的这种崇木心理沉淀出来，具有了某种宗教信仰的性质。因此，《楚辞·天问》中有了大禹和涂山女通之于台桑的神话，《吕氏春秋·本味》中有了伊尹生于空桑的神话，《山海经·海外东经》有了扶桑载日的神话。从此，桑被推上虚无缥缈、光怪陆离的神奇云端。

当“桑”带上了宗教色彩，人们开始从“桑”的读音做起了文章。不过，这一文章可作得有些悲摧。说悲摧，是因为人们竟将“桑”与它的同音的“丧”字联系在了一起。“丧”的甲骨文作“”，徐中舒在《甲骨文字典》中解释到：“从从数口，象桑树，口象采桑之器，本义为采桑，借为丧亡之丧。”一说从桑得声，为形声字。不管哪一种解释，“丧”字赖上“桑”字已是不争的事实。由于桑与丧的这种联系，“桑”在中国文化中成为某种禁忌。《搜神记》（卷十四）中有这样一个故事：很久很久以前，有位军官到远方征战，家中只留下一个女儿和她养的一匹马。女儿因为思念父亲，就向马许诺：如果你能把我的父亲接回来，我就嫁给你。马得到这个许诺后，向她的父亲所在地飞奔而去。父亲回来后，这位女儿并未履行诺言，而是杀了这匹马，并对马皮不敬。马皮忽然把她卷了起来，飞入树间变成了蚕。后来，人们就称这种树为桑树。故事虽不可信，但“桑”已经带上了“丧”的色彩。也许因为这样，桑木又成为制作古人神主牌的木料，即所谓的“桑主”。《国语·周语上》：“及期，命于武宫，设桑主，布几筵。”这里的“桑主”即是一种神主牌。神主是先人亡灵的象征，以桑木为神主，正切合了“丧”之音。人到暮年，大限将至，“丧”在眼前。因此，暮年又有“桑榆”之说。曹植《赠白马王彪》：

“年在桑榆间，影响不能追一。”

一个音改变了“桑”的命运。桑由神变鬼，可谓天上人间。从此以后，“桑”竟然成为人们讳莫如深的一个词。古人有“五亩之宅，树之以桑”的风俗，而今却只能“前不栽桑，后不种榆”。不过，既不种桑，要去骂槐，敢问何桑可指。既然这样，“指桑骂槐”如今恐怕要改成“指桑骂鬼”了吧！

蚕神

引自梁启德《古代神话人物白描画谱》，广西美术出版社，2001年。

【“桃” 之夭夭】

最近，一位同事与美女频繁来往。大家每每与之相遇都不免说一句：“小李，走桃花运了。”这位也总是嫣然一笑。美女与桃花，可谓“人面桃花相映红”。不过，我们也许会想：为什么人们说桃花运，而不是梨花运，或者橘子花运……。在中国文化中，桃也许有着某种特殊的含意。

桃树是大家熟知的一种植物。按生物学的解释：桃，隶属桃，梅亚科，蔷薇目，双子叶植物纲，种子植物门的被子植物亚门。许慎在《说文解字》中的解释也很平常：“桃，果也。”没有科学的定义，只是简单地表明了桃的类属。

目前，在甲骨文和金文中，尚未发现“桃”字。小篆“桃”作“”，与今天的“桃”字几无差别。初看来，“桃”字的形体并不复杂，由“木”和“兆”构成。许慎在《说文解字》中认为：“桃……从木兆声”。即以木

为部首，兆为声符，为形声字。许慎对“桃”字的分析可谓中规中矩。

桃
引自姜文浩《怎样画桃》，山东美术出版社，2001年。

自古以来，人们对于“桃”字中表义的“木”没有争议。至于“兆”是表声还是表义，则有着不同看法。马叙伦在《说文解字六书疏证》（卷十一）中写道：“龚橙曰：‘……（桃）古文当作后加木以别兆，误说兆声。’”也就是说，“兆”本为桃子，为象形符号，后讹变为“兆”，为区别“兆”字，故加“木”。不过，“”这一形体还有待考证。按理说，龚橙的这一观点也可以说通。因为桃为一种真实可感的事物，按照造字的规律，古人本应该采用象形的方式。象形字造出后，再通过加意符或加音符形成形声字，这种现象在汉字发展中并不少见。例如“齿”，本为象形字“”，后加“止”注音，变为形声字。龚橙的这一观点在文字学上有些新意，不过在文化学上并无价值。

对于“兆”，倒是还有一个观点值得我们去关注。桃，从木从兆，兆亦声。注意这里“从兆”和“亦声”，即“兆”既表义又表音。通俗地讲，应该是“兆”的这个读音也能为“桃”表达一定的意义。一些学者认为，以“兆”为声符通常暗含“远”的意思，比如眺、逃、珧、姚、跳、晀等字以“兆”为声符，都暗含“远”的意思。珧，从玉，故当为一种玉，什么玉呢？这就要看“兆”字了。“兆”含“远”义，故珧当为远方的玉。据后人考证，珧就是浙闽粤一带所产之玉。有意思吧！“姚”，舜的姓氏，学者考证与浙江宁绍地区的余姚有关。余姚到濮阳八百多公里，对古人而言，确实够远的了。由此可见，“兆”表“远”义的确有一定的道理。因为“兆”的这个意义，联合“木”字，“桃”当然就有“远方移来的果树”的意义。谈了半天，原来桃并非中原所产，乃为远方之木。有意思的是，现代科学也证明，桃并非产于中原，而是远离中原的西北。一个“兆”字竟然昭示了桃的一段历史。

桃虽是一种西北来的舶来品，却在华夏文明里扮演了非常重要的角色。

早在诗经时代，“桃”就上演了美丽与浪漫。《诗经·周南·桃夭》有：

桃之夭夭，灼灼其华。之子于归，宜其室家。桃之夭夭，有蕡其实。之子于归，宜其家室。桃之夭夭，其叶蓁蓁。之子于归，宜其家人。

这是一首祝贺年轻姑娘出嫁的诗。诗歌用桃比喻出嫁的女子，凸显了女子的青春与艳丽。在这首诗中，女子与桃相得益彰。在古人的诗词中，美人与桃的相遇并非偶然，而是有着深厚的文化背景。《礼记·月令》有：“仲春……桃始华。”《周礼》又有：“仲春，令会男女。”朱熹在《诗集传》中说道：“然则桃之有华（花），正婚姻之时也。”由此可见，在上古时期，姑娘一般在春光明媚、桃花盛开的季节出嫁。这样，

桃花

引自毕彰《桃花画法》，浙江人民美术出版社，2000 年。

“桃”与女子、与美丽、与浪漫结下了不解之缘。今天，在汉语的词汇中，我们仍然可以找到很多这样的语词。如：桃花人面（形容女子和花都很美）；桃夭柳媚（形容女子年轻貌美）；桃夭新妇（年少貌美的新婚女子）；桃花妆（古代女子盛妆之一。用胭脂淡抹两腮）；桃花面（女子美如桃花的面容）；桃腮（桃腮粉脸。形容女子粉红色的脸颊）。在文人的诗词中，我们同样也能感受到桃的那份美丽与浪漫。唐崔护的《题都城南庄》：“去年今日此门中，人面桃花相映红。人面不知何处去，桃花依旧笑春风。”

不知何时，“桃”又与巫术神鬼结缘，成为仙木，成为驱鬼之木。《典术》：“桃，五木之精，仙木也。”《左传·昭公四年》有：“桃弧棘矢，以除其灾。”即桃木做的弓，棘枝做的箭，可以用来消除灾祸。《艺文类聚》卷八十六引《庄子》佚文有：“插桃枝于户……童子入而不畏，而鬼畏之。”《后汉·礼仪志》：“为桃印，施门户，以止恶气。”至今，在民间尚流传着这样一个传说：

相传，在遥远的东海上有一棵大桃树。这棵桃树的树冠连绵三千里，一直伸向东北方的鬼门。在鬼门下有一个山洞，里面住着很多鬼怪。树下站着两位神将，即神荼和郁垒。这两位神将只要发现鬼怪作恶，就用网子把他们捕捉住，并丢去喂老虎。

桃树下的神荼与郁垒

引自王树村《中国门神画》，天津人民出版社，2004 年。

寿星图

引自梁启德《古代神话人物白描画谱》，广西美术出版社，2001年。

后来，人们为了压邪镇鬼，就在大门挂上两块画着神荼、郁垒二神的桃木板。到了五代，人们又开始在桃木板上书写联语，这就是春联的源头。

在中国文化中，桃也被奉为长寿之物。因为我们的祖先认为桃子是仙家的果实，而不是一般的凡物，所以吃了它就可以长寿。难怪后人又将桃称为仙桃或寿果。大家熟知的《西游记》里就有食用蟠桃能够长寿的精彩描写。桃也一直被艺术家当作吉祥的象征，或画上中堂，或雕上砖木。在为老人祝寿时，如果献上一幅寿桃画、一件寿桃艺术品，老人一定会露出灿烂的笑容。

也许是因为“桃”如此的夭夭，它也成为艺术园地里的重要元素，例如桃核雕刻艺术。明人魏学洢的美文《核舟记》记述了天启年间常熟艺人王毅用一枚小小桃核雕刻《东坡泛舟赤壁》，令人拍案叫绝。这里的叫绝不仅是为美文，更是为王毅的艺术。明晚期的桃核雕《八仙蓝采和》，桃

桃雕

引自付小彦《云渡桃雕》，黑龙江美术出版社，2000年。

核只有成人的拇指般大小，方寸之间尽展微雕艺人的神技。在这枚表面高低凹凸不平的桃核上，艺人依核的形态与质地奏刀巧雕巧作，将八仙中蓝采和的面容神态、头上发髻及肩背的花篮和脚下的海浪纹雕镂得惟妙惟肖。如今，在明清两朝核雕手艺盛行的江南水乡，继承这门手艺的年轻人不在少数。这些人凭借精湛的技艺雕刻了名闻海内外的“东坡赤壁夜游”、“渔家乐”、“双层客船”等核舟精品，也创作了“苏州园林”、“八仙祝寿”、“桃园三结义”等新题材的核雕。可见，这门艺术并未因时代的变迁而没落，而是愈加的欣欣向荣。

一般人看来，桃也许是一种极其普通的树木。但是，在中国文化中，桃却“夭”了几千年，而且是如此的夺目。

【说 “竹”】

擅画兰竹的郑板桥有这样一副对联：

虚心竹有低头叶，傲骨梅无仰面花。

一句“虚心竹有低头叶”传神地描绘了竹的特点，也含蓄地表现了竹的文化意蕴。

在华夏大地上，竹随处可见，或山川，或庭院。在华夏文明中，竹也是一个耀眼的文化元素。

这不，华夏先民早在甲骨文时代就为竹造了一个专用字，这就是甲骨文“”。李学勤先生曾在《试论孤竹》一文中强调：“殷墟甲骨卜辞也有‘竹’”（载《社会科学战线》，1983 年第 3 期）叶玉森先生则在《说契》一文描述了甲骨文“竹”的特点：“契文（按：指甲骨文）象两小枝

相连，上有个叶形。”（载《学衡》第3期）。金文“竹”作“[illegible]”。甲骨文相连的两个小枝到了金文已分为两个独立的小枝，中间还添加了一个“二”字。

竹的小篆作“⺮”。从形体上看，小篆“竹”明显继承了甲骨文和金文的特点。对于“竹”的甲骨文和金文形体，学者观点基本上是一致的。对于小篆的形体，古今学者倒是有一些不同的看法。这种不同主要集中在小篆字形的下垂部分。许慎在《说文解字》中认为：“冬生草也。象形。下垂者，箬箬也。”箬箬，即竹笋的外壳。马叙伦在《说文解字六书疏证》中则认为：“篆文象在竿上之叶。非象包筍（按：筍即笋）之箬箬……”不同于许慎，马叙伦认为下垂部分为叶子。马氏的解释显然照应了“竹”的甲金文特点。当然，我们也不能苛求于汉代的许慎，毕竟他所见的“竹”是小篆，而非甲金文。

有心的读者也许会发现，不管是甲骨文、金文、小篆还是现代汉

石竹图
引自李方膺《扬州画派书画全集》，天津人民美术出版社，2000年。

字，竹都由两个“个”字构成，甚至金文“竹”字的中间还书写了一个“二”字，以示强调。为什么画两个“个”字而非一个，这当然与竹子的生长习性相关。竹子喜丛生，有竹子的地方，往往是一丛而不是形单影孤。因此，古人造“竹”字的时候，自然会考虑到这一点。在汉字中，类似的现象还很多。如草，写作“艸”，从两“屮”；林，从两木……。

古人写“竹”，寥寥数笔，入木三分，可谓“胸有成竹”。在这里，我们不禁想到北宋画家文与可的故事：

> 文与可画的竹子远近闻名，每天总有不少人登门求画。文与可在自己家的房前屋后种上各种各样的竹子，无论春夏秋冬，阴晴风雨，他经常去竹林观察竹子的生长变化情况，琢磨竹枝的长短粗细，叶子的形态、颜色，有新的感受就回到书房，把心中的印象画在纸上。竹子的各种形象都深深地印在他的心中。所以每次画竹，他都显得非常从容，画出的竹子，无不逼真传神。

读了这个故事，我们的思绪似乎又要回到几千年前造“竹”字的古人。这位古人的房前屋后是否也种植了各种各样的竹子？这位古人是否也常常凝视着这些竹子？竹子的形象是否也深深地印在他的心里？答案应该是肯定的。否则，何以写出如此简约而生动的“竹”字。与文与可不同的是，我们的华夏先民与竹的接触更加自然，更加亲切。他们在生活中、在生产中与竹相处。

此时，耳边似乎又传来了来自远古的民歌：“断竹，续竹，飞土，逐肉。”（《弹歌》）细细品味这首民歌，我们似乎看到：我们的祖民用力砍断了竹子，把一条绳线系在竹子上，做成弓，装上弹丸，射击奔跑中的野兽。在这里，竹子成了华夏先民狩猎的武器。

当我们翻阅《诗经》，“竹”像一颗颗星星，时刻在眼前闪耀。据有心人统计，《诗经》中直接提及竹的诗有五首，共出现七次，间接提及的有几十首之多。为了更好地感受古人与竹的亲密关系，让我们来诵读几段《诗经》中含“竹”的诗句：

《诗经·小雅·斯干》：“秩秩斯干，幽幽南山。如竹苞矣，如松茂矣。兄及弟矣，式相好矣，无相犹矣。”

《诗经·卫风·竹竿》：“籊籊竹竿，以钓于淇。岂不尔思？远莫致之。”

《诗经·卫风·淇奥》：“瞻彼淇奥，绿竹猗猗。有匪君子，如切如磋，如琢如磨，瑟兮僩兮，赫兮咺兮。”

这些诗以竹起兴，或表达兄弟亲情，或表达思国之情，或歌颂君子的高洁。人们都说《诗经》的诗浑然天成，天籁之音。因为这些诗句来自古人真实的生活，来自于古人的真实情感，朴质无华。竹子入诗，自然体现出竹子在《诗经》时代与人们的密切关系。

竹雕笔筒

引自左汉中《民间雕刻》，湖南美术出版社，1994年。

从传世的字典，我们也可以体会到华夏文明中灿烂的竹文化。据统计，在《说文解字》中，以竹字为部首的字高达149个，这些字涉及古人生活的方方面面。可为起居用品，如“筵，竹席也。

从竹延声。《周礼》曰：‘度堂以筵。’”可为梳妆用品，如“笄，簪也。从竹幵声。”可为劳作工具，如“簏，竹器也。可以取粗去细。从竹丽声。”可为建筑材料，如“笮，迫也。在瓦之下，棼上。从竹乍声。”可为交通器用，如“箯，竹舆也。从竹便声。”可为饮食器皿，“簋，黍稷方器也。”可为武器，如“箭，矢也。从竹前声。”可为信用凭证，如“符，信也。汉制以竹，长六寸，分而相合。”可为书籍，如“篇，书也。一曰关西谓榜曰篇。从竹扁声”，又如“简，牒也。从竹闲声。”可为刑具，如“笵，法也。从竹，竹，简书也；氾声。古法有竹刑。”可为卜筮，如“筮，《易》卦用蓍也。”……难怪苏东坡曾经发出这样的感叹：“食者竹笋、庇者竹瓦、载者竹筏、炊者竹薪、衣者竹皮、书者竹纸、履者竹鞋，真可谓不可一日无此君也。”

由“竹”字的形体出发，我们想到了很多。其实，汉字“竹”的读音同样也展现出华夏先民丰富的想象力。

竹米。57页，中国竹文化，何明，廖国强著，人民出版社，2007．8

许慎《说文解字》：“冬生草也。”马叙伦在《说文解字六书疏证》卷九中则认为：“……或以声训。冬生草盖《字林》文”。马叙伦认为许慎采用了“声训”，即用音近字“冬”来解释“竹”。从古音上讲，“冬”字为端母，冬韵，“竹”字为知母，屋韵，两字的读音相近。从意义上说，“竹”与“冬”相通。正如许慎所说的：竹子在冬天出笋，故此以

“冬”音命名竹子。“冬”的解释说明古人很早就熟悉了竹子的生长规律及其结构。晋代戴凯之《竹谱》有这样的记载：“竹六十年一易根，易根辄结实而枯死，其实落土复生，六年遂成町。”这是竹子开花的最早记录。现代科学研究表明，竹子开花是一种生理现象，一般发生在长期干旱、土壤板结、杂草丛生的竹园。由于竹子长期缺水，营养不足，加之光合作用减弱，氮素代谢降低，糖浓度相应增高，造成糖氮比较高，花芽的形成和开花就成为必然。可见，竹子开花是恶劣环境的结果。古人虽然没有今人研究得透彻，但能观察到如此地步已经很了不起了。

《释名·释乐器》又有：“竹曰吹。吹，推也，以气推发其声也。”《释名》是古代善用同音字解释的一本古书。从“竹曰吹”的解释来看，作者认为“竹”的读音与“吹”相近，“竹”的命名源自“吹”。今天已无从考证竹的命名是否真的与吹相关，但却反映了一个事实：在远古时期，华夏民族就开始以竹为乐。《汉书·律历志》有这样一个传说：“黄帝委派一个叫伶伦的人定‘音律’。于是伶伦便去大夏之西，从昆仑山南麓取来了竹子，断面节间，长6寸9分，吹之，恰似黄钟宫调，音律优美。从此，华夏大地便有了箫笛等乐器。”考古发现也印证了古人很早就使用竹制乐器。比如，湖北随县曾侯乙墓出土了竹制的十三管古排箫，这是目前考古文物中发现的年代最早的排箫。传世

曾侯乙墓排箫

引自曾遂今《消失的乐音——中国古代乐器鉴思录》，四川教育出版社，1998年。

文献也有大量的有关竹乐的记载；《周礼·春官》有："播之以八音：金石土革丝木匏竹。"在这里，竹成为古代的八音之一。在古代，音乐又常被称为"丝竹"。《晋书》（列传第六十八）有这样的表述："丝不如竹。"到了唐代，乐器演奏者被称为"竹人"。在中国南方，有一种被称为"江南丝竹"的民间乐器。竹在音乐中的地位由此可见。《说文解字》中以竹为部首的字也说明了这一点：

竽，管三十六簧也。

笙，十三簧。象凤之身也。笙，正月之音。物生，故谓之笙。

簧，笙中簧也。从竹黄声。古者女娲作簧。

箫，参差管乐。象凤之翼。

筒，通箫也。

籁，三孔龠也。大者谓之笙，其中谓之籁，小者谓之箹。

箹，小籁也。

管，如篪，六孔。十二月之音。物开地牙，故谓之管。

笛，七孔筩也。

筑，以竹曲五弦之乐也。

……

事实也是如此，中国传统乐器诸如笛、箫、笙、筝、鼓板、二胡等都以竹作为主要的材料。从牧童的笛声中，从老人的胡琴声中，从苗寨的芦笙声中，我们可以感受到竹声的清幽和一丝哀怨。毫不夸张的说，中国的管乐就是竹管的音乐，其发出的声音似乎远离尘嚣，是如此的清纯自然，宛若天籁之音。

当清新的竹乐飘过文人的耳际，竹已然成为华夏精神的一根强劲支

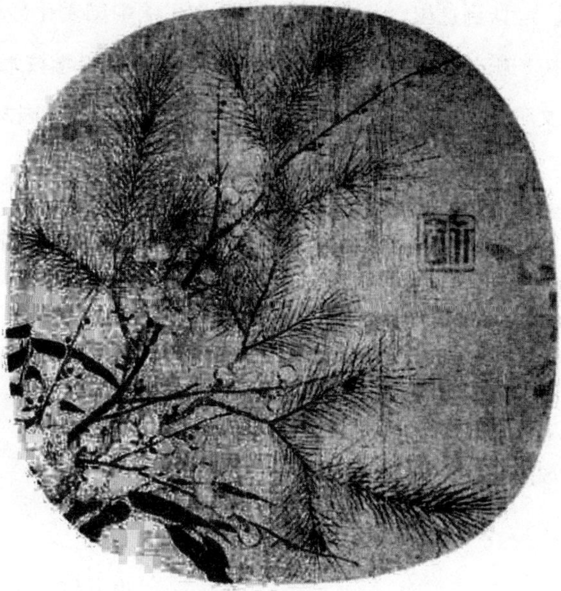

岁寒三友图（元·赵孟坚）

引自廖国强《中国竹文化》，人民出版社，2007年。

柱。在华夏文明里，竹已经不是普普通通的植物，也不是古人坐下的席子，而是高雅、纯洁、虚心、有节的精神符号。从此，竹告别了荒野，进入了文人雅士的庭院。庭院因竹而越发清幽雅致，竹因庭院而越发的婆娑清秀。在庭院里，在文人的心里，竹觅到了志同道合的朋友，这就是梅、兰、菊。在中国文化中，人们称之为“四君子”。竹也与梅、松结缘，成为“岁寒三友”。也许因为这样，在中国的传统诗画中，竹成为其中重要的文化意象。

裴迪有《竹里馆》：“来过竹里馆，日与道相亲。出入惟山鸟，幽深无世人”。

郑燮有《竹石吟》：“咬定青山不放松，立根原在破岩中。千磨万击还坚劲，任尔东西南北风。”

谈到这里，我们不得不说：在影响中国文化最深的植物中，竹可谓独树一帜。英国学者李约瑟在其著作《中国科学技术史》中说得好："东亚文明乃是竹子文明。"史学家陈寅恪则说："中国文化是竹的文化。"

季节类

【“春” 天在哪里？】

春是四季中的第一季，北半球为公历 3、4、5 月，而南半球却是在 9 月开始，11 月结束，如澳大利亚。气候学上以连续 5 天日平均气温稳定超过 10℃为春季的开始。因此，春没有夏的烈日炎炎，没有秋的落叶缤纷，也没有冬的寒风凛冽。它是万物复苏的季节，是充满活力与盎然生机的季节。就像儿歌里唱的“春天在哪里呀，春天在哪里，春天在那青翠的山林里，这里有红花呀，这里有绿草，还有那会唱歌的小黄鹂……”。一个“春”字就能如此完美地展现春天的迷人景象，由此可见，古人对季节的命名相当讲究。

“春”，又作“萅”、“芚”。甲骨文有、、、、等几种写法，金文作“”，战国古文字作“”、“”等字形，小篆作“”。《说文》：“萅，推也。从艸从日，艸，春时生也。屯声。”段玉裁注：

“日、艸、屯者，得时艸生也。屯字像艸木之初生，会意兼形声。”也就是说，“萅”中的“艸”和“日”表示草木在春时生长；中间的“屯”字，似草木破土而出，土上臃肿的部分，即刚破土的胚芽形，表示春季万木生长，同时“屯”亦兼作声符。于省吾先生指出：“甲骨文中今屯、来屯屢见，是有时亦以屯为春。”《说文》：“屯，难也。象艸木之初生。屯然而难。从屮贯一。一，地也。尾曲。《易》曰：‘屯，刚柔始交而难生。’”草木在初生前欲出又不得出，“屯”这个字的字形就很形象得描绘了草木初生时的状态。“屮”在泥土下屯然而屈，所以“丨”弯曲成“乚”。“屯”中的“一”示大地，及春阳舒畅，于是屮破土生出，即为“屯”。对“屯”字进行了解释后，春字从艸从屯从日，其会意自显矣。“春”亦作

生命之源

引自林伟新《天地行者——林伟新摄影作品选》，上海书画出版社，2002年。

苞，也是同样的道理。“萅”字隶变之后，除了“日”之外，其他部分都看不出来了，最终演变成现在的“春”。

“一年之计在于春”，这句话是中国劳动人民在千百年的生产实践中总结出来的一条经验，它强调了春在一年四季中所占的重要位置。《公羊传·隐公元年》：“春者何，岁之始也”，《注》中说：“春者，天地开辟之端，养生之首，法象所出。昏斗指东方曰春”。“东”是日出的方向，堪称四方之帝。而当北斗星指向东方时就是春，正说明了“春”在四季中的地位不逊于“东”在四方中的地位。因此，“春”亦含有“东方”之义，如“春方”就是东方，“春路”即为东方的道路，“春溟”即东海。

古代的文人墨客对春的赞美比比皆是。岑参的“风恬日暖荡春光，戏蝶游蜂乱入房。数枝门柳低衣桁，一片山花落笔床”描写了春色明媚，侵门入户的醉人景色；杜牧的“千里莺啼绿映红，水村山郭酒旗风”勾画出一幅生动明丽的江南春天绿水青山长卷；欧阳修的“红树青山日欲斜，长郊草色绿无涯”刻画了郊外黄昏时分的暮春景色；杨万里的“篱落疏疏一径深，树头新绿未成阴。儿童急走追黄蝶，飞入菜花无处寻”捕捉儿童追蝶的细节，从一个侧面刻画出春夏之交的田园景色。春天大地绿草如茵，繁花似锦的景色，使人清新怡然；春日迟迟，春色郁郁，又容易使人滋生慵懒、伤感的情绪。因此，同是描写赞美春天，古代诗人的情趣又是幽眇繁复，多姿多彩的，春天也因此获得了“春阳”、“阳春”、“艳阳”、“芳春”、“青春”等众多雅称和“三春”、“九春”等别名。季节之春与人生的如花年华相当，“青春”一词遂被引申开来表示人在青年时期的美好年华。

春天不仅是一个美丽的季节，也是一个充满希望和喜庆的季节。《尔雅·释天》中说“春者，天之和也。又春，喜气也。”说的就是这个意思

春　［法］米勒

引自《米勒 1814—1875》，上海人民美术出版社，1986 年。

吧。“春节”是我们中国的传统节日，是中华民族文化的优秀传统的重要载体，它蕴含着中华民族文化的智慧和结晶，凝聚着华夏人民的生命追求和情感寄托。而它的名称由来，不仅因为它的日子是在二十四节气中的立春，也因为它象征着来年的希望。因为春天将要来临，万象复苏草木更新，新一轮播种和收获季节又要开始。人们刚刚度过冰天雪地草木凋零的漫漫寒冬，早就盼望着春暖花开的日子，当新春到来之际，自然要充满喜悦载歌载舞地迎接这个节日。在这个日子里大家辞旧迎新、团结祥和、喜庆欢乐。

春节是一个令人快乐的日子，而快乐是无处不在的。所以，一些带有“春”字的词语就常常蕴含有心情畅快之义。如古人描述读书人考中后的得意心情时就用“春风得意”这个词来形容，孟郊《登科后》诗云：“春风得意马蹄疾，一日看尽长安花。”又如乔吉《金钱记》中说：“我见他春风得意长安道，因此上迎头儿将女婿招。”当然，“春风得意”也可以用来形容官运亨通或事情办成功，达到目的时得意洋洋的情态。再如“春风满面”这个的词是泛指人在高兴快乐时的神态，喜气表现于面部。

春天是一个让世界万物都蠢蠢欲动的季节，也是一个使人充满遐想的季节。《前汉·律历志》：“东，动也，阳气动物，于时为春。春，蠢也。物蠢生，乃动运。”《释名》中亦曰：“春，蠢也，动而生也。”又如《吕氏春秋·开春》中说：“开春始雷则蛰虫动。”意思是说，到了春天，万物怀着好奇而又期待的心情，开始蠢蠢欲动，挣扎萌生。而第一声春雷似乎是它们的集结号，一声令下，万物进入运动状态。

所以，后来“春”又被引申用来指少女爱慕异性时忐忑不安的心理状态，也可以比喻女子思念婚嫁的心理。这早在《诗经·召南·野有死麕》中就有记载：“有女怀春，吉士诱之”，说的是有位少女春心荡漾，小伙追着来调笑。另陆机《演连珠》中说：“幽居之女，非无怀春之情”，意思是即使是足不出户的女子，也会有期待恋爱的情感。因此，“怀春”的女子又被称为“春女”，发展到后来又出现了“春方”（春药）、“春兴”（情欲）等词。

春天是一个令人充满期待的季节，也是一个让万物都心存盼头的季节。我们总是说：“冬天到了，春天还会远吗？”是的，熬过了寒冷，温暖就会降临；享受过了孤独，幸福就会来临。因为，春天会一直在那里。它如歌似曲，祝福着苍天万物。

〖"夏"，热情似火〗

远古洪荒时期，先民只知春秋，不知冬夏。也就是说，那时期的人们对季节变换的最初概念里，只有"春"和"秋"两个阶段。那就是，草绿为"春"，草黄为"秋"。在漫长的"春"里面，也包括了草木繁茂的夏天；在漫长的"秋"里面，当然也包括了草木萧瑟的冬天。直到后来有了四季的概念，人们还习惯于用"春秋"来表示四季，代指岁月和历史。如辛弃疾《水调歌头》的"上古八千岁，才是一春秋"，又如《诗经·閟宫》中："春秋匪解，享祀不忒。"

作为季节的夏天，是四季中的第二个季节，是北半球一年中最热的季节。古人习惯把从立夏到立秋的三个月时间算作夏天，今人习惯把公历的6、7、8三个月当作夏天。西方人则普遍称夏至至秋分为夏季。在南半球，一般12月、1月和2月被定为夏季。气象部门通常采用气候法确定季节，当连续 5 天平均气温稳定在 22℃以上时，就是夏天了。

儿时的夏天，无论是在慵懒的睡梦中，还是在与伙伴们打闹嬉戏时，两耳之间，总是布满了蝉声，曲不尽音不止。它似乎成了夏天的最佳代言人。

黑翅草蝉
引自张雅林、陈丽轸撰文，张永仁摄影《观赏昆虫 摄影集》，农村读物出版社，2002 年。

叶玉森先生曾经释甲骨文“□”为“夏”字。他认为，这个甲骨文“象蝉形。疑卜辞假蝉为夏。蝉乃最著之夏虫。闻其声即知为夏矣。”从字形上说，“□”的确很像蝉，蝉鸣象征夏天的到来，这是可以说得通的。“假蝉为夏”，叶先生的意思是说，“蝉”是“夏”的假借字。但是从音韵学角度来看，“蝉”属定母模韵字，“夏”属见母麻韵字，两者读音相差甚远，因此说“假蝉为夏”似有不妥。所以“□”这个字形应不表示“夏”，当另有他解。

“夏”的金文字形有“□”、“□”、“□”、“□”、“□”等几种，篆书写为“□”。《说文解字·卷五·夊部》释“夏”为“中国之人也。从夊从页从臼。臼，两手；夊，两足也。□，古文夏。”段玉裁注：“‘中国之人也’，以别于北方狄，东北貉，南方蛮闽，西方羌，西南焦侥，东方夷也。”按照这样的解释，那么“夏”字造字之初就是一个与人有关的会意字。

戴侗《六书故》对“夏”的含义做了进一步的探究：“伯氏曰，夏，舞也。臼像舞者手容，夊像舞者足容也，按古有舞夏：周官大司乐，奏蕤宾，歌函锺，舞大夏。钟师掌金奏，凡乐事以钟鼓奏九夏：王夏、肆夏、昭夏、纳夏、章夏、齐夏、族夏、祴夏、骜夏。”就是说，“夏”就是人舞之形。阮元《揅经室集·释颂》云：“仲尼燕居，子曰：大乡有四焉，下管象武，夏籥序兴。象武武舞，用干戚也；夏籥文舞，用羽籥也。所谓夏者，即九夏之义。《说文》：夏，从夊从頁从臼。臼，两手；夊，两足也。与颂字义同。周曰颂，古曰夏而已。故九夏皆有钟鼓等器，以为容节，九夏即在颂中，明乎人身手足头貌之义。而古人名诗为夏为颂之义显矣。”也就是说，“夏”不仅是人舞的形态，而且所跳的舞蹈都是声容盛大的歌舞。这与中国周代祭祀时用的舞曲“颂”所表达的意思是一样的，如《诗经》中有《周颂》、《鲁颂》、《商颂》。

大通县出土的舞蹈纹陶盆
引自孙慧佳《图说中国舞蹈》，吉林人民出版社，2009年。

与舞容相关，“夏”便有“大”的意思。《尔雅·释诂》：“夏，大也。”《方言》：“秦晋之间，凡物壮大谓之嘏，或曰夏。”又云：“自关而西，秦晋之间，凡物之壮大而爱伟之谓之夏。”《方言》中所说的“爱伟之”，意思是说人见了壮大之物，心里产生崇爱之意并认为它是与众不同的，因此便称之为“夏”，以表示它的伟大。

那么，为什么“夏”字又可以用来表示四季中的夏季呢？清代学者朱骏声曾经解释道：“夏象人当暑燕居手足表露之形。古作夏”。“燕居”的意思是闲居在家，独自一人闲暇无事。朱骏声认为，“夏”字可指夏天一个人闲居在家，四肢伸展，手足暴露之形。我们可以想象，夏日酷暑难当，古人闲居在家，衣服就穿得简单而随便，四肢大张，四仰八叉，人就比其他季节显得手大脚大。夏日人体多汗，古人常常挥扇取风，并且多叉腰伸腿、叉腿展臂这一类动作，以求最大限度地让身体摆脱暑热。因此，夏日燕居之时，古人的形体姿态酷似雄赳赳气昂昂的舞蹈之形，也使一个人显得比平时更高大威武、健壮魁伟。如果说“夏”字的本义是人舞之形，那“夏”表示夏季就是用人在夏季特有的形体特征来指代这一如火如荼的季节。

中国古人以大为美，我们了解了“夏”在古人心目中的特有含义，再回头来看许慎的“中国之人”的解释便不感觉疑惑了。“中国之人”有头有四肢，“中国”之外的四夷也不是缺胳膊少腿的民族啊，这不是本质区别。在古人看来，真正的区别在于，“中国之人”是手大脚大、四肢粗壮、体魄魁伟、活力充沛、非常健美的人，这是四夷所不具有的优势。这一想法是否完全符合历史事实我们且不去苛求古人，但看其中所洋溢的自信之心、自豪之情就足以感动今天的华夏儿女了。我们自称“华夏儿女”，是“华夏”而不是“华春”、“华秋”、“华冬”或其他称呼，表层的原因是我们自认是大禹的后代，也就是夏后氏的后裔，深层的原因在于我们认为自己是体魄魁伟、体态健美的华夏族的传人。

时至今日，“夏”最常用的意义是表示季节了。关于“夏季”的别称也有很多，如“三夏”——“夏”与春、秋、冬一样都有三个月，三个月中也分为孟、仲、季，公历的六月叫孟夏，七月叫仲夏，八月叫季夏，简称“三夏”。还有“长夏”——因夏季白昼长而得名，如杜甫《江村》诗：“清江一曲抱村流，长夏江村事事幽”。又有“朱明”——《尔雅·释天》：“夏为朱明”，“朱夏”——杜甫《三营民》诗“我有银江竹，能令朱夏寒”，“昊天”——《尔雅·释天》：“夏为昊天”等别称。

“夏”，是一个热情奔放的季节，它带着四季中独有的霸气，独有的火热。显然，这样的性格，对于走在民族复兴之路上的华夏儿女来说，值得参取，值得弘扬。

【“秋” 之不得， 何以为生】

几乎每年都能在电视新闻或网络上看到全国范围内或全球范围内的庄稼受蝗虫灾害的报道。如“北方 14 省市蝗灾达 2 200万亩，人蝗激战将打响”、“世界最大的蝗虫灾害——所到之处寸草不生”、“新疆伊犁出现蝗虫灾害，100 多万亩草场受灾”等等，新闻标题让人触目惊心。

蝗虫自古以来就是农业生产中常见的敌害。历史上曾有“蝗虫大起，赤地数千里”的可怕记载。明代徐光启曾总结道：“凶饥之因有三：曰水、曰旱、曰蝗。地有高卑，雨泽有偏被，水、旱为灾，尚多幸免之处。惟旱极而蝗，数千里间草木皆尽，或牛马毛、幡帜皆尽，其害尤惨，过于水、旱。”而我国古代由于蝗灾而造成“民流亡”、“民饥死，县数千百人”、“饿殍枕道”等等惨状，更是屡见于史，不绝于书。

秋季是丰收的季节，而蝗虫灾害的高发期也大多在这一季节。就像恩

逃到草丛中的车蝗
引自［韩］金恩爱等《植物灾星 蝗虫 图集》，重庆出版社，1999年。

格斯在《家庭、私有制和国家的起源》中说：“人类差不多完全受着陌生的、对立的、不可理解的外部大自然的支配。”田野沉甸甸的一片庄稼，眼看丰收在望，突然遮天蔽日飞来一群蝗虫顷刻之间把禾苗蚕食殆尽。这种带来饥荒和死亡的飞虫，商代时期的古人称之为“螽”。这个字在《说文》中又写为“螽”，许慎释之为“蝗也。”此字的初文写作“”或“”，像蝗虫之形。“蝗虫”，在上古文献中多表示蝗虫之灾，如《春秋·桓公五年》：“秋，大雩，螽。”当代古文字学家夏渌认为，由于蝗虫多在秋季高发，所以后来就用“”或“”字形表示时间季节的“秋”。

也有学者认为“”或“”是像蟋蟀之形，郭沫若先生在《殷契粹编》中提出：该字形“即蟋蟀之类。以秋季鸣，其声啾啾然。故古人造字，文以象其形，声以肖其音。更借以名其所鸣之节季曰秋。”蟋蟀和秋天确实也有紧密的联系，《诗经·豳风·七月》在“五月斯螽动股，六月莎鸡振羽”描写蝗虫和纺织娘两种昆虫之后接着就详细描写了蟋蟀：“七月在野，八月在宇，九月在户，十月蟋蟀入我床下。”“秋”之初文像蟋蟀之形也有道理的。

“□”或“□”到底是蝗虫还是蟋蟀我们暂时还不能作出有把握的论断。但不可否认的是，这个字形在卜辞中常见，并且大部分学者认为这个字形后来被借作西风起、草木凋零、生机隐退的季节名称“秋”。如果从初民的生活环境设想，当时生产力不发达，秋收丰歉事关族群生存大计，而蝗虫为害，与人夺食，相比蟋蟀，蝗虫似乎更是万众瞩目的焦点。因此，“□”或“□”为蝗虫之形的可能性更大一些。

《说文·卷七·禾部》释“秋”：“禾穀孰也。从禾，爞省声。穮，籀文不省。”这里的“龝”应该是“□”的讹变。并且在卜辞中□下加“火”的字形□，也经常被假借用来表示时间的“秋”字。这就是《说文》中的“秋”的古籀文“穮”中的“爑”。

从许慎对“秋”本义的解释来看，“秋”应为禾谷熟之义，这在文献中亦有记载。如《尚书·盘庚上》曾语：“若农服田力穑，乃亦有秋。”汉蔡邕《月令章句》中说：“百谷各以其初生为春，熟为秋。”《尔雅·释天》亦有“秋为收藏”、“秋为收成”之说。后来为了突出秋季谷物成熟这一特点，又在□的基础上加上了表示成熟的谷物字形“禾”，古籀文写作“□”，就是“穮”字。而我们看到的篆书□和楷体“秋”字都已经省略了“龝”，只保留了“禾”与“火”，其中“火”就是“灬”的变体。

虽然秋天没有春天百花争艳的迷人景色，没有夏天翠叶欲滴的浓郁色彩，也没有冬天白雪皑皑的壮丽风景，但是它有令人陶醉的累累硕果。

民以食为天，秋天庄稼能否丰收，直接影响到人们的生存。可见，秋天是一年中非常重要的一个季节。就如段玉裁在《说文解字注》中解释“秋”时说道：“其时万物皆老，而莫贵于禾谷。”

蔬果秋声图　唐云

引自茅大为《艺海辑珍》第6辑，西泠印社出版社2008年5月版。

秋季庄稼成熟令人高兴，但秋季也通常是万物凋谢萧条之时，“悲秋”之说则由此而来。战国时宋玉《九辩》：“悲哉！秋之为气也。萧瑟兮，草木摇落而变衰。”这是作者看到秋天草木凋零的景象，悲凉之情由感而发。又如马致远的《天净沙·秋思》：“枯藤老树昏鸦，小桥流水人家，古道西风瘦马。夕阳西下，断肠人在天涯。”短短28个字写出了一片萧飒悲凉的秋景，造成一种凄清衰颓的氛围，烘托出作者内心的凄凉。

其实，“悲秋”还另有其他原因。据史书记载，秋天在古代往往是战争杀戮的开始，正所谓“沙场秋点兵”。《礼记·月令》中说：“孟秋之月，用始行戮。”“孟秋”就是秋天的第一个月，也就是公历9月份。并且，古人处决犯人也多在秋天，《管子》：“秋行五刑，诛大罪，所以禁淫邪，止盗贼。”又如《周礼·秋官》中把掌管刑法的司寇称为“秋官”。可见，“秋”亦是一个生离死别之季。

由于秋天草木枯黄，落叶缤纷，所以也通常被用来喻指人的容颜衰老。陆游诗《诉衷情》：“胡未灭，鬓先秋”，又如李白《春日独酌》：“但恐光景晚，宿昔成秋颜”，两处的“秋”都是指容貌衰老之态。所以才有秋娘（泛指年老色衰的妇女）、秋眉（衰白的眉毛）、秋鬓（衰白的鬓发）、秋颜（衰老的容颜）等词之说。

秋天是令人欢喜的季节，秋天又是令人忧伤的季节。硕果累累，收获快乐；落叶飘零，落下寂寞。这或许就是老子《道德经》中所说的“有无相生”之道吧。

【“冬”日可爱】

“冬”是一年四季中的最后一个季节，中国习惯指立冬到立春的三个月时间，也指农历的十月、十一月、十二月一共三个月。冬季是四季中人们所在的半球离太阳最远的一个季节，因此，气温也最低。

冬季，意味着沉寂和冷清。大多数生物在寒冷来袭的时候会减少生命活动或选择休眠，减少能量的消耗，缓解食物难觅的困扰。植物会在寒风呼啸中落叶，只剩下光秃秃的枝干，迎接雪花的下榻。候鸟会成群结队飞到较为温暖的地方过冬，即使一路艰辛，也不辞走这一遭。而人们外出时则会裹上厚厚的大衣抵御风寒，或者待在家中与亲朋好友围坐在熊熊燃烧的火炉旁，伴着柴木燃烧时的噼啪声，畅快轻松地闲聊。冬季，虽然太阳离我们远了，不过似乎人与人之间的距离更近了。

在古时，很有可能晚至殷商时期，尚无四时中冬夏的概念，因此还没有出现专门用来表示“冬季”的字。有不少学者都认为“□”是“冬”的甲骨文字形。但是这个字形最初并不表示冬季，而是“终了”的意思。“□”，即“终”。“□”表示丝绳两端的打结，以示终端之义，而冬季是四时中最后一个季节，又冬终两字读音相近，所以就借用“终”的初文□来表示冬季的“冬”字。

金文“冬”字写作“□”或“□”，前一个字形是由“□”变来的，后一个字形中在□中又增加了□（日），使“日”被完全封锁在绳索当中，表示太阳光被遮蔽起来了，不太温暖了，那么冬天就到来了。□的篆文作“□”，□的篆文作“□”。许慎释□为“冬”的古文字形。《说文·卷十三·纟部》释“终”：“絿丝也。从纟冬声。□，古文终。”段玉裁《说文解字注》中在解释“终”时也说“有□而后有□”。《说文》中的篆体“冬”的字形改变较大，把金文中的“日”去掉了，又在其下增加了“仌”（冰）字，变成了“□”，不见太阳而只见冰，就成了冰天雪地、滴水成冰的冬天了。后来为了书写方便，□的上半部分□变成了“夂”，而下半部分的“仌”简化成了两点，就是我们现在看到的楷体“冬”字。

中国古人认识到四季的变化之后，还清楚地意识到这种变化的循环性。就如《说文解字》释“冬”中所言：“冬，四时尽也。从仌从夂。”冬天过去了，来年的春天也就不会远了。

在我们中国，有一个非常重要的节气，也是中华民族的一个传统节日，与“冬”有关，叫“冬至”。早在2 500多年前的春秋时代，中国就已经用土圭观测太阳，测定出了冬至，它是二十四节气中最早制订出的一个，时间在每年的阳历12月21日至23日之间，这一天是北半球全年中白天最短、夜晚最长的一天。古人对冬至的说法是：“阴极之至，阳气始生，日南至，日短之至，日影长之至”，故曰“冬至”。人们认为冬至是阴阳二气的自然转化，是上天赐予的福气。冬至过节源于汉代，盛于唐宋，相沿至今。《清嘉录》甚至有“冬至大如年”之说。这表明古人对冬至十分重视。汉朝以冬至为“冬节”，官府要举行祝贺仪式称为“贺冬”，例行放假。《后汉书》中有这样的记载：“冬至前后，君子安身静体，百官绝事，不听政，择吉辰而后省事。”所以这天朝庭上下要放假休息，军队待命，边塞闭关，商旅停业，亲朋各以美食相赠，相互拜访，欢乐地过一个“安身静体”的节日。唐、宋时期，冬至是祭天祭祖的日子，皇帝在这天要到郊外举行祭天大典，百姓在这一天要向尊长祭拜。现在仍有一些地方在冬至这天过节庆贺，北方地区有吃饺子的习俗，就是人们通常说的“冬至到，吃水饺”，而南方的习俗是吃汤圆。

冬至吃的水饺、汤圆
(作者自拍)

夏季的阳光烈日炎炎，晒在身上万般灼热，人们出门都打着太阳伞，带着太阳镜，擦着防晒霜，恨不得将自己全副武装起来。而冬季的太阳是可爱的，它懒懒地照着大地，温柔地将寒冷的天空捂热。孩子们喜欢在太

冬　［法］米勒
引自《世界美术家画库　米勒》，上海人民美术出版社，1986年。

阳下嬉戏打闹，老人们喜欢聚集在太阳下下棋聊天，年轻的人们看着窗外的阳光顿时心情舒畅，工作起来事半功倍。在冬季，我们恨不得将阳光拥抱在怀里。唐代诗人张正元曾作《冬日可爱》："寒日临清昼，辽天一望时。未消埋径雪，先暖读书帷。属思光难驻，舒情影若遗……"这首诗描写了冬季清晨的太阳出现在远处天空的景象。冬季的阳光是殷勤的，没来得及融化小路的残雪，却早已射进了诗人的书房。可是冬日的阳光又是很短暂的，所以只能留恋阳光留下的影子。

冬季的阳光如此招人喜欢，所以"冬日可爱"还被用来比喻人态度温和慈爱，使人愿意接近，如同冬天里的阳光那样使人感到温暖亲切。这个词语最早出自《左传·文公七年》："酆舒问於贾季曰：'赵衰、赵盾 孰贤？'对曰：'赵衰，冬日之日也；赵盾，夏日之日也。'"杜预注："冬日可爱，夏日可畏。"赵衰和赵盾是春秋时期的两父子，他们都是晋国的功臣。赵衰是一位很有才能的政治家，他是晋文公重耳的重要谋士。晋文公成为春秋五霸之一，赵衰起了重要作用。文公死后，襄公继位，赵衰尽忠竭力，一以贯之，为晋国献出了他的一生。赵衰的儿子赵盾，也是相当精明能干，晋襄公时，他曾担任国相，主持国政，颇有成绩。当时人们称赞他父子俩都是晋国的功臣，但是，两人的性格却并非完全一样。当狄人之相酆舒问晋国大夫贾季，赵衰和赵盾哪个更加贤能，贾季就答道："赵衰，冬日之日也；赵盾，夏日之日也。"其实两人都不错，不过一个比较和蔼，好比冬天的太阳，让人喜爱；一个比较严厉，好比夏天的太阳，令人可畏。当然，这里的"可畏"是可敬畏的意思，并非贬词。例如宋朝作家苏东坡赞王禹偁的画像道："耿然如秋霜夏日，不可狎玩。"所谓"秋霜"和"夏日"，都是比喻正直可敬的人品，也叫"夏日秋霜"。

所以，即使我们做不成"夏日可畏"之人，但至少也得努力使自己成为一个"冬日可爱"之人吧。

冬季是一个恬静的季节，冷冷的颜色，淡淡的味道，是可爱的冬日为这个寂寞的季节增添了暖暖的温馨，让人们的脸上扬起微笑。

图书在版编目(CIP)数据

汉字中的自然之美 / 黄思贤,魏明扬著. —上海：文汇出版社,2017.12

(看懂中国字　读懂中国心/ 王元鹿主编)

ISBN 978-7-5496-2259-7

Ⅰ.①汉… Ⅱ.①黄… ②魏… Ⅲ.①汉字—研究 Ⅳ.①H12

中国版本图书馆 CIP 数据核字(2017)第 188680 号

丛书策划：张　衍
丛书主编：王元鹿
出 版 人：桂国强

汉字中的自然之美
看懂中国字　读懂中国心

作　　者 / 黄思贤　魏明扬

责任编辑 / 乔　聿
封面装帧 / 王　翔

出版发行 / 文匯出版社
上海市威海路 755 号
(邮政编码 200041)
经　　销 / 全国新华书店
排　　版 / 南京展望文化发展有限公司
印刷装订 / 苏州市越洋印刷有限公司
版　　次 / 2017 年 12 月第 1 版
印　　次 / 2017 年 12 月第 1 次印刷
开　　本 / 640×960　1/16
字　　数 / 210 千
印　　张 / 16.5

ISBN 978-7-5496-2259-7
定　　价 / 52.00 元